UN

MÉNAGE EN VILLE

COMÉDIE

Représentée pour la première fois, à Paris, sur le théâtre du Gymnase,
le 17 octobre 1864.

Sancti Germani, typ. L. Toinon et Cⁱᵉ.

UN
MÉNAGE EN VILLE

COMÉDIE EN TROIS ACTES

PAR

THÉODORE BARRIÈRE

BIBLIOTHÈQUE NATIONALE
IMPR.

DÉPOT LÉGAL
Seine-et-Oise
N° 1390
64.

PARIS

MICHEL LÉVY FRÈRES, LIBRAIRES ÉDITEURS

RUE VIVIENNE, 2 BIS, ET BOULEVARD DES ITALIENS, 15,

A LA LIBRAIRIE NOUVELLE

1865

Tous droits réservés

1864

PERSONNAGES

VAUBERNIER, ancien commerçant. . . . . . MM. NUMA.
MARCEL, son neveu. . . . . NERTANN.
CHENEVIÈRE, avocat. . . . . LANDROL.
LUDOVIC D'ORILLY. . . . . DALBERT.
CAMILLE, femme de Marcel. . . . . Mᵐᵉˢ DORTEL.
JULIETTE, femme de Chenevière. . . . . . SAMARY.
LOUISE VERNON. . . . . FROMENTIN.
NANETTE, gouvernante de Vaubernier. . . . GEORGINA.
DOMESTIQUES.

La scène de nos jours.

UN
MÉNAGE EN VILLE

ACTE PREMIER

CHEZ VAUBERNIER

Un salon élégamment meublé ; une petite table avec deux couverts est dressée
à droite ; cheminée garnie à gauche ; porte au fond et dans le pan coupé à
gauche ; fenêtre dans le pan coupé à droite.

SCÈNE PREMIÈRE

VAUBERNIER, NANETTE.

VAUBERNIER, allant à la pendule.

Bientôt onze heures, et elle ne vient pas... comprends-tu cela,
Nanette ?

NANETTE.

Ma foi, non, monsieur.

VAUBERNIER.

C'est pourtant aujourd'hui mon jour... Une demi-heure de re-
tard ! c'est extraordinaire ; son mari n'est peut-être pas sorti à
cheval ce matin comme d'habitude ?

1

NANETTE.

Peut-être.

VAUBERNIER.

Peut-être aussi Juliette sera-t-elle arrivée chez Camille au moment où elle allait partir.

NANETTE.

Encore. — Que voulez-vous, monsieur, vous déjeunerez sans elle.

VAUBERNIER.

Déjeuner sans Camille? un jeudi! Allons donc!... Est-ce que je pourrais manger si elle n'était pas là, en face de moi?... Ah! voilà toute ma journée gâtée! Que le diable emporte M. Marcel! que le diable emporte Juliette!

NANETTE, à la fenêtre.

Monsieur, monsieur, n'envoyez personne au diable, voilà votre chère nièce qui arrive.

VAUBERNIER, joyeux.

Tu en es bien sûre?

NANETTE.

Oui, oui... et tenez, je l'entends! la voilà! (La porte du fond s'ouvre, et Camille paraît.)

SCÈNE II

Les Mêmes, CAMILLE.

Camille entre vivement et va se jeter dans les bras de Vaubernier *.

CAMILLE.

Mon bon oncle!

VAUBERNIER.

Ma chère enfant! j'ai eu bien peur de ne pas déjeuner avec toi aujourd'hui.

* Vaubernier, Camille, Nanette.

CAMILLE.

Et moi donc... figurez-vous que, comme j'avais déjà mes gants
et mon chapeau, Juliette est tombée tout à coup chez moi.

VAUBERNIER.

J'en étais sûr !

CAMILLE.

Ah ! elle viendra vous voir à une heure.

VAUBERNIER.

Dépêchons-nous alors. (La faisant asseoir près de la table.) Mets-toi
là, ôte-lui tout ça, Nanette. (Camille lui donne son chapeau et son man-
telet*.) As-tu un coussin sous tes pieds ?

CAMILLE.

Oui... Oh ! que vous êtes bon !

VAUBERNIER, s'attablant.

Tu vois, petit oiseau, on a garni la cage de tout ce que tu aimes,
de la crème, des fruits... (Lui offrant un biscuit.) et du colifichet.

CAMILLE.

Oh ! le bon déjeuner !

VAUBERNIER.

Qu'est-ce que tu as à me regarder ?

CAMILLE.

Je me demande ce que j'ai fait pour que vous m'aimiez ainsi ?

VAUBERNIER.

Ce que tu as fait, pauvre chérie ! mais tu as failli mourir d'une
fluxion de poitrine attrapée en polkant... et cela un mois après
ton mariage avec mon coquin de neveu...

CAMILLE.

Ah ! dame... nous étions jeunes.

Nanette, Camille, Vaubernier.

VAUBERNIER, *gravement.*

Oui... autrefois... il y a quinze mois! Ah! vois-tu, Camille, jamais je n'oublierai le 6 mai!... Oh! quand le médecin m'a pris à part pour me dire que tu étais perdue, j'ai manqué de l'étrangler. Tu ne devais pas passer la nuit, avait-il dit, et.. quelle nuit!... On attendait une crise, et cette crise, c'était le salut ou... Ah! moi qui n'avais pas prié depuis si longtemps, je me suis joliment rattrapé, va... Vois-tu? il faut toujours que le bon Dieu ait son compte! Enfin, la crise eut lieu, elle dura une heure!... tout à coup... (le jour était venu) un rayon de soleil glissant à travers les persiennes, vint éclairer ton pauvre visage pâle, et, en même temps, le docteur poussa un cri de joie!... Il disait qu'il répondait de toi! il disait que tu vivrais! je crus que j'allais mourir de joie, et c'est depuis ce moment-là que je t'ai tant aimée, toi!

CAMILLE.

Eh bien, et Juliette?

VAUBERNIER.

Ah! Juliette! Juliette!

CAMILLE.

Voyons, elle est bien gentille aussi.

VAUBERNIER.

Oui, quand elle dort.

CAMILLE.

Oh!

VAUBERNIER.

Elle a un caractère trop difficile pour moi... cette diablesse-là est jalouse de tout... Aussi... dis donc, si elle savait que nous faisons comme cela la dinette tous les deux, serait-elle furieuse, hein?

CAMILLE.

Elle serait bien un peu pardonnable...

VAUBERNIER.

Bah! bah!... tant pis pour elle... elle est trop batailleuse!... et puis, elle n'a jamais été malade, elle, je ne peux donc pas l'aimer autant que toi... (Voyant Nanette qui rit en dessous.) Pourquoi riez-vous, madame ma gouvernante?

NANETTE, servant le thé.

Parce que vous me faites rire, monsieur...

VAUBERNIER.

Voyez-vous ça!

NANETTE.

Vous faites le brave... de loin; mais quand madame Chene-vière vous dit : Je veux!... vous obéissez bien vite.

VAUBERNIER.

Eh bien... c'est justement parce que je ne peux pas faire autre-ment que de lui obéir que je suis furieux contre elle.

NANETTE.

Ne dites pas ça... ça vous a toujours amusé.

VAUBERNIER.

C'est que c'est vrai... mais aussi, elle a toujours eu une si drôle de façon de me mener, l'espiègle... et puis, qu'est-ce que tu veux, Nanette? quand on a élevé une enfant?... car je lui ai servi de père à cette chère fille de ma pauvre sœur... je lui ai servi de père et de mère! de même qu'à ton mari, Camille, mon neveu aussi, et mon filleul par-dessus le marché... mon petit Marcel que mon frère, en mourant, m'avait expédié par la diligence... comme un colis!... Il s'adressait bien, du reste... moi qui détestais les en-fants!...

NANETTE.

Oui, oui, vous les détestiez tant, que huit jours après vous ne pouviez plus vous passer des petits orphelins.

VAUBERNIER, avec dépit.

C'est que c'est encore vrai.. Ils me cassaient pourtant bien la tête!... car ils criaient, ils... ah!... Il fallait voir... c'est-à-dire il fallait entendre, et c'est ce qu'on faisait... de la rue; mais... je me disais pour me consoler... Eh bien, du moins, il y a des chances pour qu'ils ne partent pas de la poitrine, et... en effet... ils en avaient une bonne... et la preuve, c'est que Juliette crie encore autant !

CAMILLE, riant.

Oh !

VAUBERNIER.

Mais c'est après son mari... ça m'est égal !... du reste, elle est bien à son affaire, avec son avocat de mari !... un vrai moulin à paroles !. . Oh ! il m'agace, ce Chenevière !... ce prétentieux bavard, avec ses tartines bourrées de paradoxes et de chandelles romaines !... C'est vrai cela, il ne peut pas parler comme tout le monde, cet animal-là... aussi, je le déteste.

CAMILLE.

Mon oncle...

VAUBERNIER.

Oui, je le déteste.

NANETTE, riant.

Comme vous détestez sa femme...

VAUBERNIER.

Je ne t'ai pas dit que je détestais Juliette !... Je l'aime, au contraire... certainement je l'aime, même beaucoup... seulement, j'aime encore mieux Camille... Il y a une nuance, voilà tout... C'est-à-dire que pour l'une, je donnerais ma fortune, et que je donnerais ma vie pour l'autre... (Tendant la main à Camille.) Et tu es l'autre, voilà !

NANETTE, qui était au fond.

Ah ! j'entends M. Chenevière.

VAUBERNIER, se levant.

Chenevière ! nous avions bien besoin de lui, vraiment...

NANETTE.

Il parle à Germain.

VAUBERNIER, donnant ses effets à Camille.

Je ne veux pas qu'il te voie, il irait le dire à sa femme, et nos jeudis seraient bouleversés; va avec Nanette, va, on préviendra Juliette quand elle arrivera.

CAMILLE.

Sans adieu, mon oncle.

VAUBERNIER, l'embrassant.

A bientôt, mon enfant chérie. (Camille entre à gauche, avec Nanette.)

SCÈNE III

VAUBERNIER, puis CHENEVIÈRE.

VAUBERNIER, au public.

Qu'est-ce que vous voulez? on n'est pas maître de ça... mais Camille est l'autre.

CHENEVIÈRE, entrant*.

Bonjour, mon cher monsieur Vaubernier!

VAUBERNIER.

Bonjour! (A part.) Nous étions bien tranquilles, et il faut que cet avocat sorte de sa boîte... (Agitant les bras.) comme un diable à surprise, avec ses grandes manches et son bonnet carré.

CHENEVIÈRE, qui le regardait.

Est-ce que vous plaidez, mon oncle ?

VAUBERNIER.

Qu'est-ce qu'il me chante?

CHENEVIÈRE, regardant la table.

Oh! oh! des friandises... un petit coussin sous la table, nous avons donc déjeuné en tête-à-tête ?

* Chenevière, Vaubernier.

VAUBERNIER.

Hein ?

CHENEVIÈRE.

Une bonne fortune ! Ah ! monsieur Vaubernier, fi !

VAUBERNIER.

Éh bien ! quoi ! après tout, est-ce que je vous dois des comptes ?

CHENEVIÈRE.

Non, non, mon cher oncle !

VAUBERNIER.

Par alliance seulement, monsieur, par alliance.

CHENEVIÈRE, gravement.

Seulement ? dites-vous ? mais monsieur Vaubernier, l'alliance n'est point, croyez-le bien, une petite affaire... C'est la force des peuples, la prospérité des nations, le...

VAUBERNIER.

Bon, bon ; je vous vois venir ! vous allez allumer votre petit feu d'artifice ! mais, prenez y garde, voilà quelque temps déjà qu'il n'est pas des plus brillants.

CHENEVIÈRE.

Ah ! écoutez donc... c'est un petit feu d'artifice de famille, des fusées et quelques pétards ; je garde les grandes pièces pour le palais.

VAUBERNIER.

Oh ! de la jactance, comme toujours, pour cacher le vide du cœur.

CHENEVIÈRE.

Oh ! oh ! mon oncle, la phrase est cruelle, mais ambitieuse !

VAUBERNIER.

Et dire que cette petite sotte de Juliette a voulu épouser malgré moi ce chicaneau-là.

CHENEVIÈRE.

Chicaneau!... Ah! monsieur Vaubernier!

VAUBERNIER.

Ah! je suis bien sûr que déjà elle le déplore ; du reste, je parierais bien que votre intérieur a été plus d'une fois troublé...

CHENEVIÈRE.

Par le caractère pointu de votre nièce ? C'est vrai, mon oncle.

VAUBERNIER.

Le caractère pointu!

CHENEVIÈRE.

Oui. Car c'est bien le petit ange le plus diable !... volontaire... jalouse !...

VAUBERNIER.

Jalouse!... jalouse!... parce que vous lui en donnez sujet.

CHENEVIÈRE.

Vous savez bien que non.

VAUBERNIER.

Moi ? je ne sais rien du tout ; d'abord, quand on a eu votre jeunesse ouragante ?

CHENEVIÈRE, riant.

Ah ! ah ! ah ! ouragante est joli... mais, mon oncle, raison de plus. Les folies de jeunesse sont une garantie pour l'âge mûr... Tenez, vous, par exemple, si vous aviez pris femme, je suis sûr que vous eussiez fait un excellent mari.

VAUBERNIER.

Mais certainement.

CHENEVIÈRE.

Vous voyez donc bien ?

VAUBERNIER.

Je vois, je vois... qu'est-ce que je vois ?

CHENEVIÈRE.

Qu'il faut aimer les pommes vertes une fois dans sa vie, et que ce n'est pas le moment que le goût vous en vienne, lorsqu'on n'a plus de dents pour les croquer.

VAUBERNIER.

Mais, monsieur Chenevière...

CHENEVIÈRE.

Oh! ce n'est pas pour vous que je dis cela, mon oncle; vous avez toutes vos dents, je le sais, toutes, y compris la dent de sagesse, et je répondrais même que c'est celle-là seulement qui vous empêche de vous servir encore des autres.

VAUBERNIER.

Voudriez-vous donc insinuer...

CHENEVIÈRE, riant.

Je veux insinuer, mon oncle, que vous êtes ce qu'on appelle... un beau vieillard.

VAUBERNIER.

Un vieillard? permettez...

CHENEVIÈRE.

Un vieux scélérat, si vous l'aimez mieux.

VAUBERNIER.

Oui, j'aime mieux ça!

CHENEVIÈRE.

Et que je tremble à tout instant pour notre héritage.

VAUBERNIER.

Eh! mais, prenez-y garde!... si vous m'irritez, je me marie.

CHENEVIÈRE.

Et vous nous faites six cousins germains? je connais ça : il ne faut jurer de rien.

SCÈNE IV

Les Mêmes, NANETTE.

NANETTE, apportant l'habit de Vaubernier.

Monsieur, voici votre habit !... (Elle le lui donne, et va desservir la table.)

CHENEVIÈRE.

Oh ! oh ! l'habit bleu barbeau, à boutons de métal !... Toutes dents dehors !... décidément, mon oncle, vous avez des intentions.

VAUBERNIER, passant son habit*.

J'ai l'intention... parbleu ! j'ai l'intention d'aller à mon café... à la Bourse. (A part.) Je n'ai pas besoin de lui dire...

CHENEVIÈRE.

Méfiez-vous, en ce cas, mon oncle, consultez la dent de sagesse.

VAUBERNIER.

Bon, bon !...

CHENEVIÈRE.

D'ailleurs, mon oncle, à quoi bon vous déranger?... Vous n'avez pas besoin d'aller à la Bourse, puisque la Bourse va venir à vous sous les traits de cet excellent M. Ludovic d'Orilly, n'est-ce pas son heure ?

VAUBERNIER.

Eh bien ? après ? qu'est-ce que vous avez à dire de celui-là ? M. d'Orilly me témoigne beaucoup d'amitié.

CHENEVIÈRE.

Parbleu !... Il nous en témoigne beaucoup aussi à Marcel et à moi.

VAUBERNIER.

Et puis, qu'est-ce que ça prouve ?

---

* Vaubernier, Chenevière, Nanette.

CHENEVIÈRE.

Ça prouve que vous êtes riche, que nous sommes mariés, qu'il est garçon, et qu'il agiote sur l'adultère quand la Bourse est fermée. (Ludovic et Marcel paraissent au fond.) Tenez, il vient savoir les cours.

VAUBERNIER.

Je ne vous écoute plus.

CHENEVIÈRE.

Ça m'est égal, je n'ai plus rien à vous dire. Ah! Marcel!

SCÈNE V

Les Mêmes, LUDOVIC D'ORILLY et MARCEL.

MARCEL, allant à Vaubernier *.

Bonjour, mon oncle.

VAUBERNIER.

Bonjour, centaure.

MARCEL, bas.

Vous avez vu ma femme?

VAUBERNIER.

Ah! oui, tu sais, mon jeudi.

CHENEVIÈRE, à part.

Toujours ensemble, c'est bien naturel... mais je suis là.

VAUBERNIER.

Monsieur d'Orilly...

LUDOVIC, à Vaubernier **.

Cher monsieur, je n'ai pas voulu attendre jusqu'à ce soir pour venir prendre de vos nouvelles.

* Vaubernier, Marcel, d'Orilly, Chenevière.
** Marcel, Vaubernier, Ludovic, Chenevière.

VAUBERNIER, touché.

Monsieur...

CHENEVIÈRE, interrompant et serrant la main de Ludovic.

Ces dames vont bien, je vous remercie.

LUDOVIC, un peu troublé.

Oui... M. Vaubernier était un peu souffrant hier quand je l'ai quitté, et je craignais...

CHENEVIÈRE, même jeu.

Elles avaient seulement ce matin un peu de migraine...

LUDOVIC, à Vaubernier.

Vous vous sentez mieux, maintenant?...

CHENEVIÈRE, même jeu.

Oh! une heure de sommeil, un peu de fleur d'oranger sur du sucre, et c'était fini.

VAUBERNIER.

Vous moquez-vous, à la fin ?

LUDOVIC, s'efforçant de rire.

Ah! ah! ah! ah! (A part) Il est insupportable! (Marcel a pris un journal et semble préoccupé.)

CHENEVIÈRE, admirant Ludovic [*].

Marcel, regarde donc notre ami... Il est superbe! (A Ludovic.) C'est Renard qui vous fournit vos ailes, n'est-ce pas? beau papillon célibataire! Ce diable de Renard! Il a, je crois, l'entreprise des coups de canif.

LUDOVIC, embarrassé.

Encore les mêmes pierres dans mon pauvre jardin, vous êtes donc toujours aussi taquin ?

CHENEVIÈRE, riant.

Je suis toujours aussi marié, et... (Appuyant en regardant Marcel.) quand l'ennemi est à nos portes, je ne désarme pas.

____

[*] Vaubernier, Marcel, Chenevière. Ludovic.

LUDOVIC, voulant se donner une contenance.

Ah! ah! ah! il est charmant!

VAUBERNIER, lui aussi prenant un journal.

Il est stupide! (On s'assied.)

LUDOVIC.

Ainsi, vous croyez décidément que c'est... une espérance qui m'attire ici?

CHENEVIÈRE.

Certainement.

LUDOVIC, riant.

Une espérance d'amour?

CHENEVIÈRE.

Mais oui...

LUDOVIC.

Alors, vous y tenez?

CHENEVIÈRE.

A l'amour? je crois bien... c'est mon meilleur client, amour déçu, amour parjuré... amour de toutes les couleurs... mais c'est le fond de tous mes procès; témoin celui de madame de Valville que je plaide d'aujourd'hui en huit.

VAUBERNIER, quittant son journal.

Comment, madame de Valville plaide en séparation?

CHENEVIÈRE.

Ce n'est pas madame, c'est monsieur...

LUDOVIC, riant.

C'est encore plus grave.

VAUBERNIER.

Je n'en reviens pas! Eh quoi?... cette jolie petite blonde, si timide qu'elle n'osait d'abord ni mettre un pied devant l'autre, ni jeter un regard autour d'elle.

CHENEVIÈRE.

Eh bien, cette jolie petite blonde a fini par jeter son filet par-dessus les moulins... Mon Dieu, oui. (Marcel quitte son journal et écoute.)

VAUBERNIER.

Bonnet... de mon temps on disait bonnet.

CHENEVIÈRE.

Bonnet, mon oncle... (Continuant.) Et pourtant, elle avait apporté dans le mariage un riche fonds social d'amour et de sagesse... mais cette fortune, Valville a négligé de la faire valoir pour placer son cœur à fonds perdus sur une vertu sans cautionnement... La liquidation est arrivée, et Valville paie sa faute aujourd'hui. (Marcel se lève et se promène fiévreusement.) C'est l'histoire du bourgeois qui plante des volubilis sur sa fenêtre pour avoir un jardin comme tout le monde... chaque branche qui pousse veut sourire au ciel bleu! chaque bouton qui s'entr'ouvre recherche avidement les baisers du soleil, si bien que notre homme, un jour, est tout étonné de n'avoir que l'envers du bosquet verdoyant. — Eh bien, la femme est comme ces petites fleurs, (Avec intention à Marcel.) son soleil, c'est l'amour, et si elle ne le trouve pas dans la maison, elle imitera le volubilis, elle mettra le nez à la fenêtre, et fleurira pour le voisin. (Marcel fait un brusque mouvement, Ludovic arrange sa cravate; à part, et les regardant tous deux.) Coup double!

LUDOVIC, riant et se levant.

Ainsi, vous faites du mariage une question de botanique? mais la botanique fournit les poisons.

CHENEVIÈRE.

Oui, mais elle donne aussi les préservatifs.

LUDOVIC.

Et ce préservatif, vous l'avez trouvé, sans doute?

CHENEVIÈRE.

Peut-être. — En tout cas, je prends toutes mes précautions, au

rebours de... (Avec intention, en regardant Marcel.) de certains impru-
dents qui n'en prennent aucune.

VAUBERNIER, raillant.

Ah! mais, c'est qu'il est sorcier, lui.

CHENEVIÈRE.

Non, je suis avocat.

LUDOVIC.

Et... les avocats sont privilégiés, peut-être?

CHENEVIÈRE, se levant.

Non pas, et je crois même que la règle de l'ordre, en les coiffant d'un bonnet, a dû avoir ses raisons... et c'est pour cela que je
me méfie, parce que...

VAUBERNIER, prenant son chapeau.

Je m'en vais... il va plaider.

CHENEVIÈRE, riant.

Mais non, mais non, mon oncle; la cause est entendue.

VAUBERNIER.

Je ne m'y fie pas. (A Ludovic.) Venez, monsieur d'Orilly, je vais
vous conduire à la Bourse, venez. — Ce n'est pas un homme, c'est
une ruche renversée.

LUDOVIC.

Me voici. (A Chenevière.) Allons, monsieur Chenevière, sans ran-
cune, et j'espère... (Il lui tend la main.)

CHENEVIÈRE, la lui serrant.

Soyez tranquille, mon cher Ludovic, j'embrasserai ma femme
pour vous.

LUDOVIC.

Mais...

CHENEVIÈRE.

Aimez-vous mieux que j'embrasse la femme de Marcel?

LUDOVIC, troublé.

Permettez...

CHENEVIÈRE.

Allons! je les embrasserai toutes les deux. — Là, êtes-vous content? (Riant.) Ah! ah! ah!

LUDOVIC, à part.

Décidément, il est insupportable!

CHENEVIÈRE, riant.

A bientôt! à bientôt! (Vaubernier et Ludovic sortent par le fond.)

SCÈNE VI

CHENEVIÈRE, MARCEL *.

CHENEVIÈRE, à Marcel qui va s'éloigner.

Tu sors?

MARCEL.

Oui.

CHENEVIÈRE.

J'ai à te parler.

MARCEL.

Une autre fois... je n'ai pas le temps.

CHENEVIÈRE.

Tu vas à Auteuil.

MARCEL.

Je vais où il me plaît d'aller.

CHENEVIÈRE.

Je disais bien : tu vas à Auteuil.

MARCEL.

Et puis de quoi te mêles-tu ?

* Marcel, Chenevière.

CHENEVIÈRE.

Marcel, tu m'en veux... tu m'en veux, parce que mon amitié veille.

MARCEL.

Ton amitié, ton amitié... l'amitié est discrète, prudente, et dix fois par jour, je vois le moment où tu vas jeter au vent le secret que je t'ai confié jadis.

CHENEVIÈRE.

Et que tu voudrais pouvoir me reprendre aujourd'hui... Mes conseils te pèsent, à présent, et tu refuses de les entendre... Alors, oui, je les jette au vent, comme tu dis... ramasse-les, ne les ramasse pas, c'est ton affaire... mais j'aurai toujours fait mon devoir. (Marcel veut encore sortir.) Marcel, un mot encore, le dernier. Hier, je passais, avec ma femme, sur je ne sais quelle place; tu la traversais en voiture avec Louise Vernon.

MARCEL, vivement.

Juliette m'a vu?

CHENEVIÈRE.

Non... elle n'a vu que Louise.

MARCEL.

Tu en es sûr?... C'est que c'est la première chose qu'elle irait reporter à Camille... Tu es bien certain qu'elle ne m'a pas vu?

CHENEVIÈRE.

Très-certain, te dis-je.

MARCEL.

Ah! je respire!

CHENEVIÈRE.

Pauvre ami!... pour combien de temps?... Car enfin, tu devines bien que cette vie en partie double ne peut pas toujours durer... au premier moment tout peut se découvrir.

MARCEL.

Tais-toi, tu me fais trembler!

CHENEVIÈRE.

Parbleu! quand on se fourre dans de pareils pétrins... on doit bien s'attendre à...

MARCEL.

Oui, oui, c'est vrai... mais que veux-tu... c'est la destinée!

CHENEVIÈRE, haussant les épaules.

Il était dans ta destinée, n'est-ce pas, de te promener, en plein jour, avec ta maîtresse... au risque de...

MARCEL.

Eh! mon ami, il est de ces devoirs auxquels on ne peut se soustraire *... Louise vient d'être gravement malade ; l'air de la campagne lui a été ordonné, et je lui ai loué un pied-à-terre à Auteuil... Se trouvant encore trop faible, et craignant un accident, elle m'a demandé de la conduire... le moyen de refuser?

CHENEVIÈRE, gravement.

Marcel, réponds-moi... Louise, m'as-tu dit, sait que tu es marié!... est-ce bien vrai cela?

MARCEL, embarrassé.

Mais...

CHENEVIÈRE.

Est-ce bien vrai, Marcel?

MARCEL, après un effort.

Non'...

CHENEVIÈRE.

Je m'en doutais!

MARCEL.

Je t'ai dit que la vie de cette pauvre femme avait été en danger... et tu comprends? cette confidence aurait pu la tuer... Je ne l'aime plus, c'est vrai, mais je lui dois des égards, de la pitié... car elle était heureuse avant de me connaître ;... j'étais son premier

_____
* Chenevière, Marcel.

amour, et, pendant les six années que nous avons passées ensemble, je n'ai pas eu le moindre reproche à lui adresser, je te le jure.

CHENEVIÈRE.

Elle en a été, parbleu, bien récompensée.

MARCEL.

Que veux-tu?... l'amour ne se commande pas... et je n'avais plus d'amour...

CHENEVIÈRE.

Eh bien! alors, sacrebleu! il fallait avoir le courage de le dire... Louise n'est pas une femme ordinaire... elle aurait compris que vouloir retenir un cœur par la violence, est chose... impossible.

MARCEL.

Oui, en effet... et bien souvent je me suis parlé ainsi; chaque jour, dans les premiers temps de mon mariage, je me disais : Je veux rompre, je romprai... je n'irai plus chez elle... c'est fini; mais... à l'heure où j'allais ordinairement chez Louise, j'étais comme une âme en peine... je sortais pour me distraire, pour changer mes idées... et sans le vouloir, sans m'en douter, je prenais le chemin de sa maison; machinalement, ma main soulevait le marteau de sa porte, et...

CHENEVIÈRE.

Je comprends!... L'habitude... la seconde nature, comme on dit... mais la fausse, la bâtarde; l'habitude, plus dangereuse que la passion, et, dans ses résultats, plus effrayante que le vice lui-même... On se guérit de la passion la plus violente, parce que sa violence même finit par nous ouvrir les yeux, et que nous nous révoltons contre elle, et que nous luttons avec elle... On se sauve encore du vice le plus laid, parce que sa laideur même à la fin nous repousse... tandis que l'habitude, si modeste, si bénigne en apparence, on ne s'en méfie pas, et elle s'empare de vous sans qu'on s'en aperçoive... Elle sait vous enlacer sans que ses liens vous blessent, et l'on s'y livre alors sans soupçonner le piége; elle vous berce, elle vous endort, et, quand vous vous réveillez, va te

promener, il est trop tard, on est au fond du précipice... Eh bien,
il ne faut pas que tu y tombes, et pendant qu'il en est temps
encore... car songe donc, malheureux, si Louise devenait... Oh!
j'en ai froid rien que d'y penser! (Marcel se détourne avec embarras.)
Te vois-tu avec deux ménages complets sur les bras?... quel enfer!
grand Dieu!

MARCEL, éclatant et se jetant dans les bras de Chenevière.

Oui, n'est-ce pas? Eh bien...

CHENEVIÈRE, inquiet.

Eh bien?...

MARCEL, à demi-voix.

Eh bien... cet enfer-là... c'est ma vie!

CHENEVIÈRE.

Louise a un enfant?

MARCEL.

Une petite fille de deux mois.

CHENEVIÈRE, tombant assis.

Bonté divine! que le diable t'emporte!

MARCEL.

Chenevière!

CHENEVIÈRE, avec découragement.

Ah! mon pauvre Marcel! mon pauvre Marcel!

MARCEL, fiévreusement.

Oui... ton pauvre Marcel!... Car, depuis ces deux mois, ma vie
est une mort de tous les instants! (S'asseyant près de lui.) Oh! vois-tu,
il faut avoir éprouvé cela pour le bien comprendre. — Il n'y a
plus de trêve, plus de repos, ni gaieté, ni bonheur, plus rien! rien
qu'un malaise constant, acharné, plus douloureux que la maladie la
plus douloureuse. Le cœur gonflé dans la poitrine, l'air manque aux
poumons, un tremblement nerveux agite tout votre être... on va,
on vient, sans idée, sans but; on veut s'intéresser à quelque chose,
on ne s'intéresse à rien... on parle, on écoute, et l'on n'entend ni

les autres ni soi-même. — La tête est vide, l'esprit est ailleurs...
pendant le jour on aspire à la nuit ; la nuit venue, on appelle le
jour ! — Cédez-vous au sommeil ? la conscience assise à votre
chevet vous éveille brutalement!... en une seconde, la réalité
tout entière se déroule devant vos yeux !... Que résoudre ? que
faire ?... quel moyen employer pour sortir de ce labyrinthe où
s'égare la raison ? — On cherche et l'on ne trouve pas ! une sueur
glacée envahit le cerveau ; — le tremblement revient ! Il vous
secoue ! il vous ébranle ! et cette agitation de damné est rendue
plus sensible par le silence qui vous environne ! et l'insomnie vous
semble plus terrible encore quand vous la comparez au sommeil
pur et calme de la douce créature qui repose heureuse et confiante
à vos côtés. — Oh ! dans ces moments-là, vois-tu, Chenevière, on
se brûlerait la cervelle ! (Ils se lèvent.)

CHENEVIÈRE, le serrant dans ses bras *.

Marcel !... mon ami... calme-toi... au nom du ciel !... Oh ! je te
sauverai, va, je te sauverai... Au diable ! après tout, et coupe le
nœud gordien... Tu es entre deux femmes, et l'une des deux doit
être sacrifiée à l'autre ; c'est logique, c'est fatal !... mais, morbleu !
la sacrifiée ne doit pas être la femme qui porte ton nom !... Celle-là,
vois-tu ? il faut qu'elle soit heureuse ! à tout prix !... Quant à
l'autre, eh bien ! tu lui feras la vie douce et heureuse autant que tes
nouveaux devoirs te le permettront. — Il y a toujours moyen de se
tirer d'affaire avec du cœur et de l'argent.

MARCEL.

De l'argent ! à Louise !

CHENEVIÈRE.

Eh bien ? quoi ?... Est-ce qu'elle n'a pas des dents comme les
autres ? Pour ce qui est de l'argent donc, si tu n'en as pas assez
dans ta bourse, tu puiseras dans la mienne, et, pour que le pauvre
petit... malvenu ait un berceau de plumes, nous mettrons s'il le
faut nos menus plaisirs sur la paille. Ah ! c'est égal, tu as de la
chance de posséder une femme aussi confiante que Camille...

* Marcel, Chenevière.

MARCEL.

Chère Camille !

CHENEVIÈRE.

Ah! si je m'étais livré auprès de Juliette à de pareilles scènes de somnambulisme, il y a longtemps que sa jalousie aurait tout deviné !... Oui, tout et quelque chose encore ; mais, grâce à Dieu, Camille ne soupçonne rien, et elle ne saura rien, je l'espère, et je te le répète ; je te sauverai ! Voyons ! promets-tu de m'obéir en tous points ?

MARCEL.

Oui, oui, je m'abandonne à toi... parle, que faut-il faire ?

CHENEVIÈRE.

Il faut...

SCÈNE VII

Les Mêmes, CAMILLE et JULIETTE.

(Entrées un moment avant, les deux femmes se sont approchées sur la pointe du pied. Arrivées auprès de leurs maris, Camille saute au cou de Marcel, Juliette pince Chenevière et lui coupe sa phrase.)

MARCEL, surpris [*].

Camille !

CHENEVIÈRE, avec un cri.

Aïe ! Juliette !

JULIETTE.

Qu'est-ce que vous complotiez-là tous les deux ?

CHENEVIÈRE, bas à Marcel.

Auraient-elles entendu ?

[*] Camille, Marcel, Chenevière, Juliette.

JULIETTE, qui a surpris le mouvement.

Que lui dites-vous tout bas? pourquoi venez-vous de le pousser du coude?

CHENEVIÈRE, gravement.

Parce qu'il m'écrasait un cor. (A part, avec agitation *.) Il n'y a pas un moment à perdre... Je connais Marcel, et si je ne profite pas d'un moment de résolution... (Il veut s'approcher de Marcel qui est près de Camille; celle-ci s'est assise à gauche et a pris un ouvrage de broderie.)

JULIETTE, barrant le chemin à Chenevière.

Regarde-moi un peu...

CHENEVIÈRE.

Pardon... mais..

JULIETTE, l'examinant.

C'était donc bien émouvant, ce que tu disais à Marcel?

CHENEVIÈRE, cherchant à attirer l'attention de Marcel.

Pourquoi cela?

JULIETTE.

Mais... parce que vous êtes encore tout émus l'un et l'autre.

CHENEVIÈRE, même jeu.

Ah! ah! ah! quelle idée! dis donc, Marcel.

JULIETTE.

Oh! vous savez que je ne me trompe jamais; je vois cela rien qu'au mouvement de vos narines.

CHENEVIÈRE.

Vraiment? et les avocats ne peuvent pas porter des moustaches!

JULIETTE.

Donne-moi ta main.

* Camille, Marcel, Juliette, Chenevière.

CHENEVIÈRE.

Tu vas me tâter le pouls? veux-tu ma montre?

JULIETTE, comptant.

Quatre-vingt-dix pulsations! trente de plus que d'habitude. — Lucien! il se passe quelque chose!

CHENEVIÈRE, lui échappant [*].

Oui... c'est le temps qui se passe, et nous avons, Marcel et moi, une affaire importante... ainsi...

JULIETTE, raillant.

Une affaire importante, vraiment?

CHENEVIÈRE.

Oui, de graves intérêts... (Bas à Marcel et l'emmenant à droite [**].) Tu me demandais ce qu'il y avait à faire? Eh bien, je vais te le dire, et... n'hésite pas, tu n'as que ce parti à prendre! Il faut assurer la vie de Louise et de son enfant par une bonne donation bien en forme, mettre cela sous enveloppe avec un aveu bien sincère, un adieu bien senti, et envoyer le tout à Auteuil. (Juliette s'est approchée.) Des londrès excellents... en veux-tu, Juliette? (Elle tourne le dos.)

MARCEL, troublé.

Oui, oui... et dès demain...

CHENEVIÈRE.

Non, non... c'est aujourd'hui, à l'instant même... Viens chez mon notaire, c'est le tombeau des secrets, et ton passé sera parfaitement enterré. — Allons! un instant de courage et tu es sauvé! viens! viens!

JULIETTE, qui tout le temps a essayé d'entendre sous différents prétextes.

Tu sors?

CHENEVIÈRE.

Oui, oui, chère amie, nous sortons... et... et peut-être même

[*] Camille, Marcel, Chenevière, Juliette.
[**] Camille, Juliette, Marcel, Chenevière.

serons-nous assez longtemps, qu'on ne nous attende donc pas pour se mettre à table. (A Marcel.) Embrasse ta femme... (A Juliette.) Embrasse-moi.

JULIETTE, se reculant.

Jamais, monsieur.

CHENEVIÈRE.

Ce sera pour ce soir... (A Marcel.) Viens! viens! (Il entraîne Marcel et sort avec lui.)

SCÈNE VIII

CAMILLE, JULIETTE.

JULIETTE.

Ils partent! (Allant au fond.) Mais c'est qu'ils partent! c'est scandaleux! (A Camille.) Mais parle donc!... mais remue-toi donc. En vérité, tu me fais bouillir avec ton sang-froid.

CAMILLE, souriant.

Mais puisque ton mari vient de te dire qu'il s'agissait d'intérêts sérieux?

JULIETTE.

Et tu crois cela, toi? Est-ce que les hommes ont des intérêts sérieux? Ils ont des plaisirs, des plaisirs coupables, voilà tout.

CAMILLE, se levant.

Ma chère Juliette... la jalousie est mauvaise conseillère, elle forge bien des fantômes.

JULIETTE.

Oh! oh! cette femme n'était pas un fantôme!

CAMILLE.

Quelle femme?

JULIETTE.

Quelle... ah! tiens, je ne voulais pas te le dire encore, mais ma foi! je n'y tiens plus... sache donc qu'hier, comme nous traversions la place de la Concorde, j'ai senti, tout à coup, le bras de mon mari qui tressaillait sous le mien; j'ai regardé Lucien, il était tout pâle. — J'ai suivi alors la direction de son regard, et qu'ai-je vu? — Une citadine chocolat, nº 1736. — Vieux cocher, cheval blanc, et à la portière une femme jeune et jolie qui saluait mon mari de la main, comme cela, l'effrontée!

CAMILLE.

Mais... cette femme est sans doute une de ses clientes.

JULIETTE, haussant les épaules.

Ah!

CAMILLE.

Je pense que tu ne les as pas consignées encore à la porte de son cabinet?

JULIETTE, avec un soupir.

Non, pas encore, mais ce n'est pas l'envie qui me manque, va! (S'animant.) Des clientes! qu'a-t-il besoin de clientes... qu'il prenne des clients, qu'il plaide pour hommes!

CAMILLE, riant *.

Ah! ah! ah!

JULIETTE.

Oui, oui, va, ris; tu ne riras peut-être pas toujours.

CAMILLE.

Que dis-tu?

JULIETTE.

Je dis que la confiance te perdra; je dis que tous les hommes sont des monstres et que mon mari me trompe, et que je le parierais, et que j'en suis sûre! et que j'en mettrais ma main au feu... Je dis qu'il gâtera Marcel, si ce n'est déjà fait, mais ce doit être déjà fait!

---

* Juliette, Camille.

CAMILLE, un peu troublée.

En vérité, tu me ferais peur... sur quoi bases-tu donc tes soupçons, quelles preuves as-tu enfin?

JULIETTE.

Des preuves accablantes.

CAMILLE.

Mais lesquelles?

JULIETTE.

J'en ai, te dis-je, j'en ai... 1736! Voilà pour Lucien, et quant à ce qui regarde Marcel, quant à ce qui te regarde...

CAMILLE, émue.

Eh bien?

JULIETTE.

Tout me prouve aussi que...

CAMILLE, se troublant de plus en plus.

Ah! prends garde! je n'ai pas encore été jalouse; mais tu sais?... il n'e t pire eau que l'eau qui dort.

JULIETTE.

Mon Dieu! reste dans ton erreur, si tu veux.

CAMILLE, impatiente.

Mais non... seulement je veux que tu me dises...

JULIETTE.

Eh bien! voyons... l'autre jour, dans un endroit public, aux Tuileries, M. Ludovic d'Orilly n'a pas craint de t'insulter en te déclarant son amour, n'est-ce pas?...

CAMILLE, émue.

Oui... et quand cette jeune femme qui passait près de nous, un enfant dans les bras, a souri en me regardant, j'ai cru que j'allais m'évanouir de honte.

JULIETTE.

Et cependant, devant ta confusion, cet homme n'a pas hésité à poursuivre le cours de ses insolentes galanteries, profitant ainsi de ce que tu ne pouvais, sans attirer les regards, lui témoigner toute ton indignation.

CAMILLE, honteuse.

C'est vrai...

JULIETTE.

Et la conduite de cet homme n'a pas suffi pour t'éclairer?...

CAMILLE, tremblante.

Je ne te comprends pas.

JULIETTE, qui regardait au fond.

Notre oncle... ah! tiens, tu ne me croirais peut-être pas, moi, tu le croiras, lui.

SCÈNE IX

LES MÊMES, VAUBERNIER, il est très-agité *.

JULIETTE, courant à lui.

Mon oncle... (A Camille.) Tu vas voir...

VAUBERNIER, sans l'écouter.

C'est trop fort! c'est fait pour moi.

JULIETTE.

Mon oncle, nous avons à vous parler.

VAUBERNIER.

Ce Grivoisin!... un ami d'enfance que j'ai retiré du Rhône quand il avait douze ans... Péruvian, Gredinot et moi, nous l'avons attendu une heure et demie pour notre domino à quatre!... (Avec indignation.) et il n'est pas venu...

* Camille, Juliette, Vaubernier.

JULIETTE, lui prenant le bras.

Ah! à la fin, voulez-vous m'écouter, mon oncle?

VAUBERNIER.

Gredinot lui a envoyé ses témoins! moi, j'ai refusé!... les témoins sont quelquefois obligés de... Péruvian aussi a refusé... un vieux soldat criblé de blessures... il s'est dit : Ce n'est pas la peine d'attraper encore... Péruvian!... (A Juliette.) Hein? quoi?... Qu'est-ce que tu me veux?

JULIETTE.

Vous prendre pour arbitre entre nous deux, mon oncle, sur un point très-délicat.

VAUBERNIER.

Moi, je trouve que Gredinot a bien fait.

JULIETTE, impatiente.

Mais laissez donc là votre Gredinot...

VAUBERNIER.

Alors tu approuves Grivoisin *?... Elle approuve Grivoisin!... un homme que j'ai... je suis fâché de l'avoir retiré du Rhône... j'aurais dû, au contraire... (Il fait le geste de l'enfoncer.) Ton Grivoisin!... Eh bien! quoi?.. voilà une heure que je t'attends?

JULIETTE.

Vous avez de l'expérience, vous connaissez la vie?... Eh bien, dans votre âme et conscience, répondez : pour qu'un homme ose se permettre de parler d'amour à la femme de son ami, pour qu'il ose tenter de la lui prendre? ne faut-il pas qu'il y ait une puissante raison?...

VAUBERNIER.

Une raison? C'est-à-dire qu'il peut y en avoir trente-six.

CAMILLE.

Ah!

* Camille, Vaubernier, Juliette.

VAUBERNIER.

D'abord, ou le galant est certain que la femme n'aime plus son mari et qu'elle serait disposée à le tromper, ou il a la preuve que le mari n'aime plus sa femme et... qu'il la trompe !

CAMILLE, avec un cri.

Je comprends !

VAUBERNIER.

Eh bien? eh bien?... quoi donc?...

CAMILLE, tremblante.

Oh ! je me souviens maintenant; son trouble quand il rentrait, ses distractions, ses tristesses... (Se jetant tout en larmes dans les bras de Vaubernier.) Ah ! mon oncle !

JULIETTE, de même.

Mon oncle !

VAUBERNIER, aux cent coups.

Comment?... Ah! çà, il s'agissait donc de vous? (A Juliette.) Que le bon Dieu te bénisse, toi!... (A Camille.) Voyons... du calme ! après tout!... (à Juliette) tout ce que je dis n'est pas parole d'évangile... (A Camille.) Je ne suis pas infaillible !... (A Juliette *.) *Errare human*... Ah! elle n'est pas là !... *Errare*... Elle est là-bas... *Errare humanum est !*... Il n'y a pas de règles sans exceptions.

CAMILLE.

Ah! mon bon oncle ! nous sommes bien malheureuses !

VAUBERNIER.

Malheureuses!... vous êtes... (La serrant dans ses bras.) Tu es malheureuse!... mais qu'y a-t-il donc enfin?

**CAMILLE **.

Il y a... que nos maris...

* Juliette, Camille, Vaubernier.
* Camille, Juliette, Vaubernier.

VAUBERNIER.

Eh bien ?... vos maris?...

JULIETTE, avec éclat.

Ils ont un ménage en ville!

VAUBERNIER, ne comprenant pas d'abord.

Eh bien ? .. Ah! ah! oh!... (Il tombe dans un fanteuil; les deux femmes sont dans les bras l'une de l'autre.)

ACTE DEUXIÈME

SCÈNE PREMIÈRE

CHENEVIÈRE, seul, devant une table chargée de papier.

Mes notes pour le procès Valville... les voilà ! trente pages
écrites, pour prouver quoi ?... Je veux être pendu si je le sais
moi-même... Et pourtant, il y a huit jours, en quittant Marcel, je
croyais avoir trouvé des mouvements oratoires capables de tirer
des larmes du sein d'une roche ou des yeux d'un bâtonnier ; mais
il paraît que je les ai perdus, car tout ce que j'ai écrit-là me semble
aujourd'hui bête et plat à ravir un confrère... mais aussi que
n'a-t-on pas déjà dit et redit sur l'amour ? L'amour, la chose la plus
sotte et la plus spirituelle, la meilleure et la pire, selon qu'il fait
jour ou nuit dans notre âme ; l'amour, cette divine girouette qui,
selon la direction qu'elle prend, nous rend tristes ou gais, heureux
ou misérables ; va-t-elle à gauche ? vent d'ouest... grands orages,
froides giboulées .. la girouette tourne, vent d'est... douces rosées
et chaudes brises ; après cela, que sait-on ? les artichauts deman-
dent de la pluie, la salade veut du soleil, le moyen de contenter
tout le monde... et son père. (Se levant.) Eh bien ! depuis huit jours,
grâce à Marcel, voilà comme je divague ! c'est-à-dire que si cela
continue, la semaine prochaine je ferai porter à Charenton ma
robe et mon bonnet... (Froissant les notes qu'il relisait tout en parlant.)

Décidément, tout cela ne vaut pas le quart des honoraires... Au diable! j'improviserai! (Il déchire les papiers et les jette dans une corbeille au pied de la table.)

SCÈNE II

CHENEVIÈRE, JULIETTE.

JULIETTE, entrant de l'angle à droite.

Ah! c'est toi, tu es là?

CHENEVIÈRE.

Oui; je mets un peu d'ordre dans ces paperasses pour ne pas trop encombrer ton salon en attendant que messieurs les peintres veuillent bien me rendre mon cabinet.

JULIETTE.

C'est une agréable surprise, car je te croyais déjà parti pour aller au Palais.

CHENEVIÈRE, achevant de déchirer ses notes.

Je m'y prépare.

JULIETTE raillant.

Tu repasses ton plaidoyer?

CHENEVIÈRE.

Précisément.

JULIETTE avec intention.

Il paraît que l'inspiration te fait défaut depuis quelque temps; ta corbeille est toute pleine des morceaux de cette pauvre madame de Valville.

CHENEVIÈRE.

Tiens, tiens, tiens, tu te promènes donc dans ma corbeille maintenant?

JULIETTE.

Oh! un hasard! je cherchais une carte pour faire une bobine à ma soie.

CHENEVIÈRE.

Vraiment?

JULIETTE.

Oui... (Avec insistance.) Comme cela, tu n'as pas trouvé ce que tu
voulais?

CHENEVIÈRE.

Non.

JULIETTE, de même.

Ah! dame, le travail ne s'accommode pas de certaines préoccu-
pations; on perd de ses moyens quand... on n'a pas l'esprit et le
cœur libres.

CHENEVIÈRE *.

Oh! voyons; est-ce que tu vas recommencer?

JULIETTE, innocemment.

Quoi donc?... je ne sais pas ce que tu veux dire. (Furetant çà et
là.) Tu as déjà reçu beaucoup de monde ce matin?

CHENEVIÈRE.

A quoi vois-tu cela?

JULIETTE.

A la trace des pas imprimés en boue sur les fleurs de mon tapis.
(Elle place son pied dans l'une des empreintes.)

CHENEVIÈRE.

Que fais-tu donc?

JULIETTE.

Je constate le dégât... Tu as reçu une femme!

CHENEVIÈRE.

J'ai reçu un maître maçon de Batignolles.

JULIETTE.

Il a le pied petit, ton maître maçon.

* Juliette, Chenevière.

CHENEVIÈRE, *regardant la marque que lui montre Juliette.*

Ah! oui, j'oubliais... c'est la petite baronne de Picoiseau qui... elle n'a pas fait entrer sa voiture dans la cour, et, comme il pleuvait...

JULIETTE.

C'était un petit pied pour un maître maçon, mais!...

CHENEVIÈRE, *riant.*

Ah! par exemple! elle a un pied charmant.

JULIETTE, *vivement.*

Comment le sais-tu? tu l'as donc regardé?

CHENEVIÈRE.

Parbleu! c'est la première chose que je fais quand une femme vient me consulter.

JULIETTE.

Vraiment?

CHENEVIÈRE.

Cela m'est indispensable... Tu comprends? une femme qui a un grand pied ne peut pas avoir raison, et, comme je ne plaide que les bonnes causes...

JULIETTE.

Moque-toi de moi, mon ami.

CHENEVIÈRE.

Aimes-tu mieux que je me fâche?

JULIETTE.

Pourquoi te fâcherais-tu, si tu n'es pas coupable?

CHENEVIÈRE, *se levant.*

Tiens, ma chère enfant, nous sommes entre nous, je puis donc te parler franchement...

JULIETTE, *vivement.*

Eh bien?

CHENEVIÈRE, l'embrassant.

Eh bien, tu es insupportable.

JULIETTE.

Oui, oui, je sais qu'une femme est toujours insupportable à vos yeux, quand elle voit clair dans votre conduite.

CHENEVIÈRE.

Ah! Juliette, comme tu regretteras toutes tes petites piqûres, quand tu sauras...

JULIETTE.

Quoi donc?

CHENEVIÈRE.

Rien. Parlons d'autre chose. Tu ne sais pas ce que devient Marcel?

JULIETTE.

Comment le saurais-je? je ne fais pas... d'affaires avec lui, moi.

CHENEVIÈRE, à part.

Je parie qu'il a encore la donation dans sa poche. (Haut.) C'est inconcevable, cela, depuis huit jours, il semblerait qu'il me fuit.

JULIETTE.

Depuis huit jours? alors c'est depuis le jour où vous êtes sortis ensemble?

CHENEVIÈRE.

Justement.

JULIETTE, sans avoir l'air.

Pour aller... où donc? je l'ai oublié.

CHENEVIÈRE.

Non, chère amie, tu ne l'as jamais su.

JULIETTE, piquée.

Ah! oui, c'est vrai.., mais je le saurai peut-être.

CHENEVIÈRE.

N'y tâche pas, va.

JULIETTE, se montant.

Je comprends... Il y a des choses qu'il vaut mieux ignorer, n'est-ce pas ? On s'épargne ainsi bien des douleurs et bien des larmes.

CHENEVIÈRE, raillant.

Voilà.

JULIETTE, très-émue, s'asseyant sur le canapé.

Voyons... avoue-moi tout ; j'aime mieux ça, je ne t'en voudrai pas, je te le jure.

CHENEVIÈRE, gravement.

Apprends donc toute la vérité, Juliette ; (S'agenouillant devant elle.) j'ai rencontré deux femmes à la fois, de par le monde, une jeune fille au-dessous de quinze ans et une femme au-dessus de trente... Toutes deux m'ont aimé... nous avons été surpris, le frère m'a provoqué, j'ai tué le mari, la jeune fille a pris la fuite, la femme s'est jetée à l'eau et ses diamants ont disparu, de sorte qu'aujourd'hui, je suis accusé de vol, d'adultère, d'homicide par imprudence et de détournement de mineure.

JULIETTE, rageant.

Oh ! que j'ai envie de te battre !

CHENEVIÈRE, riant.

Eh bien, passe ton envie.

JULIETTE, le tapant.

Tiens donc, tiens donc !

CHENEVIÈRE.

Quel dommage qu'il n'y ait pas de témoins.

JULIETTE, amèrement.

Oui, parce qu'alors tu aurais une raison pour me quitter, n'est-ce pas ? comme cela, (pleurant) c'est une séparation que tu veux ? (Chenevière éclate de rire, Juliette se levant.) Tiens, Lucien, tu es abominable. (Chenevière rit plus fort et finit par se tordre sur le canapé, Vaubernier paraît.)

SCÈNE III

LES MÊMES, VAUBERNIER, il entre du fond en se frottant les mains *.

VAUBERNIER.

Il paraît qu'on est en liesse ici, et que l'on est d'accord, c'est bien heureux. (S'asseyant derrière le bureau.) Je vais donc enfin pouvoir me reposer.

CHENEVIÈRE, étonné.

Vous reposer?

JULIETTE, assise à droite.

Mon oncle!

VAUBERNIER, se reprenant.

Je veux dire que je n'aurai plus à m'inquiéter de...; bref, tout va bien, et c'est le principal.

JULIETTE, avec amertume.

Oui, oui, tout va bien.

VAUBERNIER.

Hein ?... Cependant cet accès de gaieté de ton mari !

JULIETTE, de même.

Cet accès de gaieté de mon mari prouve qu'il a dépouillé toute pudeur, et qu'il se rit aujourd'hui de mes tourments, de mes larmes!

VAUBERNIER, à Chenevière.

Allons donc !

CHENEVIÈRE, tranquillement, et les mains dans ses poches.

Voilà l'affaire.

VAUBERNIER, à part.

Quel cynisme!

* Chenevière, Vaubernier, Juliette.

JULIETTE.

Ah! mon oncle, je suis bien malheureuse!

VAUBERNIER.

Pourquoi as-tu voulu l'épouser, aussi? Je m'opposais à ce mariage, moi. (A Chenevière.) Je ne voulais pas qu'elle devint votre
femme. (Il se lève ainsi que Chenevière.)

CHENEVIÈRE, raillant et lui serrant les mains.

Ah! vous m'aimiez, alors?

VAUBERNIER.

Hein?

JULIETTE, furieuse, se levant.

Vous l'entendez! tenez, laissons-le, mon oncle... (Bas.) Vous devez avoir quelque chose à me dire?

VAUBERNIER, de même.

Mais non.

JULIETTE, de même.

Seriez-vous par hasard avec eux contre nous?

VAUBERNIER, de même.

Mais pas du tout; seulement...

JULIETTE, de même.

Alors, c'est que vous n'osez pas me dire! Oh! mais je serai
forte, allez, ne craignez rien.

VAUBERNIER, de même.

Mais puisque je te répète...

JULIETTE, de même.

Je vais vous attendre chez moi. (Elle entre à droite.)

SCÈNE IV

VAUBERNIER, CHENEVIÈRE*.

VAUBERNIER, à part.

Mais on n'a pas d'idée de ça...

CHENEVIÈRE.

Oh! mon oncle... je sais qu'avec Juliette, entendre c'est obéir...
Que je ne vous retienne donc pas, allez chez ma femme, allez, et...
(Riant.) bien du plaisir!

VAUBERNIER.

Du plaisir! oui, oui, ah! j'en ai depuis une semaine... si vous
saviez!... (A part.) Tiens, je vais tout lui dire... qu'est-ce que ça
me fait... il faut que ça finisse? (Haut.) Avocat!... savez-vous bien
pourquoi elle veut me parler en particulier... Juliette?

CHENEVIÈRE.

J'avoue que...

VAUBERNIER.

Eh bien... c'est pour entendre mon rapport.

CHENEVIÈRE.

Comment? votre rapport?

VAUBERNIER, avec effort.

Oui... je suis de la police secrète... de ces dames.

CHENEVIÈRE.

Bah!

VAUBERNIER.

Depuis huit jours, je vous espionne tous les deux, je ne vous
quitte pas plus que votre ombre... je marche dans vos souliers,
jour et nuit.

CHENEVIÈRE, riant.

Eh bien, vous faites-là un joli métier.

* Chenevière, Vaubernier.

VAUBERNIER.

N'est-ce pas? mais qu'est-ce que vous voulez? vous connaissez Juliette? à mon premier refus, elle a crié, pleuré, elle a eu des attaques de nerfs, elle en a donné à l'autre, elles parlaient déjà toutes deux d'allumer le fatal réchaud ; alors, j'ai eu peur, j'ai promis.

CHENEVIÈRE.

Vous avez promis de...

VAUBERNIER.

C'est-à-dire... non... j'ai juré!... et, depuis ce jour-là, toute ma vie est sens dessus dessous... J'avais l'habitude de me coucher tôt... et de me lever tard... et maintenant, je me couche à minuit, et je me lève à cinq heures du matin... et dans les quelques heures que je puis encore sacrifier au sommeil, je suis poursuivi par des cauchemars impossibles.

CHENEVIÈRE.

Vraiment?

VAUBERNIER.

Je rêve embuscades, guet-apens, souricières, je marche sur des toits, je tombe par des cheminées... je me fourre sous des lits... je me cache dans des pianos... je prends tous les visages, je revêts toutes les formes ; tenez, cette nuit, j'étais déguisé en charbonnier, et je vous suivais partout... au théâtre... au bois... au cercle, au palais... avec un sac de cent kilos sur la tête.

CHENEVIÈRE, riant.

Ah! ah! ah! ce pauvre oncle!

VAUBERNIER.

J'en ai assez! je ne peux pas vivre comme cha... Tenez! je parle auvergnat!... Je ne sais pas ce que j'ai... je vois tout en noir!...

CHENEVIÈRE, riant.

Ah!...

VAUBERNIER.

Oh!... oh!... pas d'esprit!... je suis un homme mort si vous ne vous amendez pas.

CHENEVIÈRE.

Comment ? mais pardon, mon oncle, depuis huit jours que vous nous espionnez comme vous dites, qu'avez-vous découvert ?

VAUBERNIER, désolé.

Mais rien du tout.

CHENEVIÈRE, riant.

Eh bien, alors ?

VAUBERNIER.

Alors, quoi ? Qu'est-ce que ça prouve ? Que vous êtes plus fins que moi, tout simplement... car il est bien certain que vous êtes deux maris... en rupture de ban... D'abord, Juliette me l'a prouvé !

CHENEVIÈRE.

Oh ! Juliette !... Enfin, vous ne nous avez pas pris en défaut ?

VAUBERNIER.

Jamais, malheureusement, c'est-à-dire... oui, je dis bien... Ah ! une fois cependant... il y a de cela six à sept jours... j'ai bien cru que j'allais faire une découverte importante... Marcel était sorti à six heures du matin, à cheval, comme à son habitude... et je le suivais en voiture fermée... (j'ai pris une voiture au mois, une voiture couleur de muraille). — Arrivé dans l'avenue de l'Impératrice, tout à coup Marcel s'arrête... il réfléchit un instant, puis repart dans une autre direction, mon coupé s'attache à lui, et nous arrivons à Auteuil.

CHENEVIÈRE, s'oubliant.

Bah !

VAUBERNIER.

Quoi donc !

CHENEVIÈRE, se remettant.

Rien.

VAUBERNIER.

Si fait, vous avez dit : Bah! d'un ton... il y a quelque chose!
(S'animant.) Ce bah-là est toute une révélation, le premier fil peut-
être de quelque drame horrible... avec ce bah-là... on ferait incar-
cérer vingt personnes... avec ce bah-là, on prouverait... Mais
arrêtez-moi donc!... vous voyez bien que je tourne au juge d'ins-
truction.

CHENEVIÈRE.

Enfin, enfin... vous devez bien savoir s'il y a quelque chose,
puisque vous avez suivi Marcel.

VAUBERNIER.

Je l'ai suivi, certainement que je l'ai suivi... Mais à quoi ça m'at-
t-il servi? puisqu'après avoir parcouru tout Auteuil pendant deux
heures, il est revenu tout simplement à Paris.

CHENEVIÈRE, à part.

J'en étais sûr... il n'a pas eu le courage de remettre la donation.

VAUBERNIER.

Une donation... vous avez parlé de donation. (Le saisissant au
collet.) Suivez-moi à la préfec...

CHENEVIÈRE, riant.

Mon oncle.

VAUBERNIER, accablé.

Allons! bon... je me croyais gendarme... mais enfin... voyons,
que parliez-vous de...

CHENEVIÈRE.

Je pensais à mon plaidoyer.

VAUBERNIER.

Il est écrit que je ne saurai rien. Je n'aurai rien à dire à
Juliette... et elle croira encore que je la trahis... et que je suis
votre complice. (Prenant Chenevière dans ses bras.) Voyons... mon
ami... soyez gentil, faites des aveux.

CHENEVIÈRE, riant.

Mais je n'en ai pas à faire.

VAUBERNIER.

Dites-moi une petite chose... un rien... que je ne perde pas ma place... (Se reprenant.) je veux dire...

CHENEVIÈRE.

Mais, saprelotte ! je ne peux pourtant pas inventer des crimes pour vous donner la satisfaction de nous faire pendre.

VAUBERNIER.

Ah ! vous êtes un mauvais neveu.

UN DOMESTIQUE, entrant du fond.

Une dame est là qui demande à parler à monsieur !

VAUBERNIER.

Une dame !

CHENEVIÈRE, au valet.

Vous savez que je vais être obligé d'aller au Palais... Il fallait dire que je n'y étais pas.

LE DOMESTIQUE.

C'est ce que j'ai fait, monsieur ; mais cette dame a tant insisté... et, en me remettant ce mot, elle tremblait si fort...

VAUBERNIER, à part.

Elle tremblait.

CHENEVIÈRE, qui a été tout de suite à la signature, et avec un cri de surprise.

Louise Vernon !

VAUBERNIER, très-agité.

Vous vous êtes troublé à ce nom, et l'accusée était tremblante !... (Perdant la tête.) Je tiens les coupables, qu'on garde toutes les issues, et...

3.

CHENEVIÈRE.

Mon oncle ! mon oncle ! (Au domestique.) Priez d'attendre. (Il sort.
— A Vaubernier.) En vérité, je commence à trembler pour votre
raison.

VAUBERNIER, qui s'essuie le front, en s'asseyant derrière le bureau.

En effet, mon ami... en effet... je crois que je deviens fou... Et
cependant... tout ça n'est pas naturel... l'émotion de cette femme...
la vôtre... Ah ! mes pauvres enfants, ma pauvre Juliette.

CHENEVIÈRE, sérieux, il est devant le bureau.

Sur l'honneur et sur Dieu, mon oncle, j'adore Juliette et je lui
suis fidèle...

VAUBERNIER, lui serrant les mains.

Merci... mais alors...

CHENEVIÈRE.

Cette personne vient me consulter... c'est une amie... une pauvre fille qui... (Lui donnant le billet.) Tenez, lisez sa lettre. (Vaubernier
la pose sur un carton pour prendre ses lunettes, indiquant du doigt.) Tenez...
« Mon ami, il y va peut-être de tout mon avenir, recevez-moi,
écoutez-moi.. au nom du ciel, je vous en supplie.

VAUBERNIER, relisant après lui.

Oui, en effet... que signifie ?

CHENEVIÈRE, sonnant et oubliant le billet sur la table.

Un jour... bientôt, vous saurez tout, mon oncle... je vous le
jure ! mais jusque-là... que ni Juliette ni Camille ne puissent soupçonner !... Allez auprès de ma femme, occupez-la... retenez-la...
Il y va aussi de notre bonheur à tous... (Au domestique qui paraît.)
Faites entrer ! (Poussant Vaubernier.) Allez, mon oncle... allez !

VAUBERNIER, en sortant.

Et pas le plus petit délit ! pas même une contravention !... Que
va dire mon chef... je veux dire : Juliette. (Il disparaît.)

SCÈNE V

CHENEVIÈRE, puis LOUISE VERNON.

CHENEVIÈRE, à lui-même.

Allons, c'est une scène douloureuse à supporter, sans doute ; car, pour que Louise vienne ici, il faut assurément que Marcel se soit enfin décidé... (Voyant entrer Louise.) La voilà ! (Allant au devant d'elle.) Madame !... (Au valet.) Laissez-nous ! (Il sort.)

LOUISE, chancelant [*].

Ah ! mon ami, que je suis émue !

CHENEVIÈRE, lui montrant le canapé.

Louise... remettez-vous !

LOUISE.

Merci... Ah ! mais un mot d'abord ! Otez-moi du cœur une inquiétude mortelle. Marcel n'est pas malade, n'est-ce pas ?

CHENEVIÈRE, un peu étonné.

Non.

LOUISE, heureuse.

Oh ! tant mieux !

CHENEVIÈRE, à part, prenant un siége.

Pauvre femme ! elle s'inquiète encore... (Ils s'asseyent, lui prenant les mains.) Pourquoi trembler ainsi ? vous êtes chez un ami, vous le savez bien.

LOUISE.

Oui, oui.., mais quelquefois j'ai peur de... (Amèrement.) Les malheureux gardent rarement leurs amis, et comme un malheur vient de me frapper...

CHENEVIÈRE, à part.

Nous y voilà.

[*] Louise, Chenevière.

LOUISE, tristement.

Ah! c'est un peu dur! vous comprenez? quand on a compté si longtemps sur quelque chose et que ce... quelque chose vient à vous manquer tout à coup.

CHENEVIÈRE.

Oui... le cœur saigne un moment ; mais... avec la réflexion... et avec votre esprit, votre courage?...

LOUISE.

Oh! c'est surtout pour ma petite Marceline que cette perte m'est sensible...

CHENEVIÈRE, étonné.

Ah! (A part.) Ah bien, elle prend assez bien son parti.

LOUISE, continuant.

D'abord les pertes d'argent sont les plus faciles à supporter...

CHENEVIÈRE, à part.

Hein?

LOUISE.

Et ensuite, mon parrain, après tout, était bien le maitre de disposer de sa fortune... il m'a déshéritée! c'était son droit.

CHENEVIÈRE.

Comment? Ah! ma pauvre Louise!

LOUISE, étonnée à son tour.

Quoi? que compreniez-vous donc! ignoriez-vous?... mais je l'ai fait savoir à Marcel...

CHENEVIÈRE, troublé.

Excusez-moi, je ne sais en vérité où j'avais la tête... (A part.) Oh! cette poule mouillée de Marcel!

LOUISE.

Mon parrain, voyez-vous! ne m'a jamais pardonné tout à fait ma liaison avec Marcel... Que de fois il m'a écrit : « Louise, si l'homme qui t'a enlevée à notre monde ne consent pas à t'en rouvrir les portes, brise ton cœur s'il le faut, mais reviens à celui qui saura oublier et t'aimer comme autrefois... » Pauvre oncle! ce sacrifice, il me le demandait encore, il y a quelques jours à peine; mais s'il avait su que j'étais mère!... Je voulais le lui dire... j'ai trop tardé, et il est mort... et me voilà privée d'un grand appui pour l'avenir.

CHENEVIÈRE, à part.

Il ne nous manquait plus que cela.

LOUISE.

Ah! ce malheur m'a fait faire de graves réflexions, et pendant ces huit jours où je suis restée seule, il m'est venu de tristes pensées, allez. Dites-moi, mon ami, Marcel ne vous a-t-il jamais parlé de moi? de ses projets? Compte-t-il tenir bientôt sa promesse? Il me semble que j'attends depuis assez longtemps et qu'il doit bien me connaître à cette heure!

CHENEVIÈRE, embarrassé.

Mon Dieu! Marcel... est peut-être plus à plaindre que vous.

LOUISE.

Comment? mais il est son maître.

CHENEVIÈRE.

Eh non. . chère enfant... en ce monde on n'est jamais entièrement son maître, et... ne fût-on même que l'esclave du préjugé...

LOUISE.

Plaît-il?

CHENEVIÈRE.

Ce ne serait pas, hélas! le premier exemple de...

LOUISE, vivement.

Pardon! monsieur Chenevière, est-ce Marcel qui vous a prié de me dire cela?

CHENEVIÈRE.

Non, non, je vous jure... nous causons; mais enfin, est-ce que vous n'avez jamais eu. . (Vivement.) Nous causons... est-ce que

vous n'avez jamais eu l'idée que Marcel pût ne pas tenir ses ser-
ments ?

LOUISE.

Non, jamais... c'est-à-dire : si, une fois. (Se levant.) Ah! j'ai eu
bien peur... il y a environ treize mois de cela.

CHENEVIÈRE, à part *.

Deux mois après son mariage.

LOUISE.

Marcel était parti pour régler des affaires de famille... Il avait été
absent soixante jours... (oh! je les comptais) et, pendant ces
soixante jours, je n'avais reçu ni lettres ni nouvelles d'aucune
sorte, vous étiez absent aussi.

CHENEVIÈRE, à part.

Parbleu! j'étais témoin.

LOUISE, continuant.

Et je ne savais à qui m'adresser, j'étais en proie aux plus sinis-
tres pressentiments! Je crus que je deviendrais folle; tous mes
jours et presque toutes mes nuits, je les passais à ma fenêtre
ouverte... à chaque voiture que j'entendais venir, j'avais comme
une commotion dans le cerveau, la voiture continuait sa route et
il me semblait que ses roues me passaient sur le cœur... c'était un
supplice horrible... Au reste, vous avez attendu un être aimé,
n'est-ce pas? vous savez bien ce que c'est!

CHENEVIÈRE, ému.

Oui, oui...

LOUISE.

Marcel arriva enfin! et, dès qu'il parut, je vis que mes pressentiments ne me trompaient pas, et qu'il ne m'aimait plus ou qu'il
allait cesser de m'aimer, je devinai qu'il n'était là que pour
rompre; le prétexte qu'il venait chercher, le moindre reproche de
ma part pouvait le lui fournir, et je jurai en moi-même que je ne

* Chenevière, Louise.

le lui fournirais pas, et je n'eus alors que des sourires... Ah! je l'avoue! j'ai été fausse ce jour-là... Dame! écoutez donc... (S'animant.) une femme ne renonce pas comme cela à l'homme auquel elle a donné sa vie! Quand il me quitta (avec fierté), j'étais redevenue sa Louise d'autrefois! et il me disait : « je t'aime, » et il me disait : « à demain! »

CHENEVIÈRE.

Oui, oui... on dit à demain, mais...

LOUISE, revenant.

C'est l'oncle de Marcel, n'est-ce pas, qui s'oppose à ce mariage!

CHENEVIÈRE.

Eh! mon Dieu...

LOUISE.

Il rêve sans doute pour son fils d'adoption une riche alliance!... et moi... dame! je n'ai rien... c'est vrai... mais je suis bien économe, allez... bien raisonnable!

CHENEVIÈRE, très-ému, à part.

Pauvre fille! (Furieux.) Oh! ce Marcel! que les cinq cent mille diables l'emportent!... Comment tout cela finira-t-il?

LOUISE, qui écoutait.

Ah! mon ami!

CHENEVIÈRE.

Quoi donc?

LOUISE.

Je reconnais son pas... C'est Marcel! j'en suis sûre... tenez!
(Marcel paraît au fond; Louise se jette dans ses bras.)

LOUISE.

Te voilà enfin!

MARCEL, à part.

Louise ici!

Marcel, Louise, Chenevière.

LOUISE.

Méchant! comme tu m'as fait souffrir!

CHENEVIÈRE, écoutant à son tour.

Chut!... moi aussi je reconnais un pas, c'est celui de M. Vaubernier.

MARCEL, effrayé.

Mon oncle est ici?

CHENEVIÈRE.

Oui, et il ne faut pas qu'il vous voie; Louise, entrez là un moment, vite! vite!... (Il la fait entrer à gauche.)

SCÈNE VI

CHENEVIÈRE, MARCEL, puis VAUBERNIER, et ensuite JULIETTE.

VAUBERNIER, entrant précipitamment et courant à Chenevière.

Votre femme est sur mes pas. (Regardant autour de lui *.) Ah! cette dame est partie?

CHENEVIÈRE, bas.

Non, elle est là.

VAUBERNIER.

Bigre!

MARCEL, bas à Chenevière, avec effroi.

Et Camille qui est allée chez notre oncle, en ne le trouvant pas elle va rabattre ici.

CHENEVIÈRE, de même.

Est-elle à pied?

MARCEL.

Oui.

* Vaubernier, Chenevière, Marcel.

CHENEVIÈRE.

Alors, nous la rencontrerons, laisse-moi faire.

JULIETTE, entrant *.

Pourquoi donc courez-vous si vite, mon oncle ?

VAUBERNIER, embarrassé.

Ah! figure-toi que... (ayant trouvé) je viens d'avoir une peur! je croyais avoir perdu ma tabatière... celle à laquelle je tiens le plus!

JULIETTE, soupçonnant.

Est-ce qu'elle vous vient du roi de Prusse!

CHENEVIÈRE, à part.

Pas assez fort pour Juliette...

VAUBERNIER.

Ah! à propos, Chenevière... j'ai décidé votre femme à m'accompagner... nous allons vous entendre plaider... tant pis!

CHENEVIÈRE.

Bravo! (Tirant sa montre) mais il n'est que temps! je vais partir avec vous.

JULIETTE, furetant çà et là.

Vraiment ?

CHENEVIÈRE.

Oui, oui.

VAUBERNIER, bas.

Eh bien! et cette dame ?

CHENEVIÈRE.

Marcel la fera sortir. (Il va prendre ses gants et son chapeau sur un meuble au fond.)

* Vaubernier, Juliette, Chenevière, Marcel.

VAUBERNIER, à part.

Pauvre Juliette! comme sa police est bien faite.

MARCEL, à part [*].

Je suis sur les épines.

JULIETTE, qui a trouvé la lettre et qui y a jeté les yeux.

Qu'est-ce que cela veut dire. (Elle cache la lettre.)

CHENEVIÈRE, tout prêt.

Partons-nous?

JULIETTE.

Me voilà, mon ami.

CHENEVIÈRE, après un mouvement, étonné.

Ah! mon oncle, Camille doit être chez vous, nous la prendrons en passant. (En remontant il regarde à la fenêtre.)

JULIETTE, à part.

Quelle est cette femme! oh! je le saurai.

CHENEVIÈRE.

La voiture est en bas, vite, vite!... partons. (A part.) Comment va-t-il s'en tirer!

VAUBERNIER, en sortant.

C'est fini, je ne pourrai jamais m'habituer à vivre comme ça, non, non, non, non! (Tous disparaissent.)

SCÈNE VII

MARCEL, LOUISE.

MARCEL.

Mon Dieu! pourvu qu'ils rencontrent Camille... (Il ouvre la porte.) Louise... venez, venez vite... vous ne pouvez rester [**].

[*] Vaubernier, Chenevière, Marcel, Juliette.
[**] Louise, Marcel.

LOUISE.

Pourquoi? puisque votre oncle est parti et que la maison est vide.

MARCEL, très-agité.

C'est égal, vous comprenez? je ne suis pas ici chez moi.

LOUISE, amèrement.

Avec cela que vous me recevriez chez vous?

MARCEL.

Louise...

LOUISE.

Voyons! mon ami, est-ce que cette vie de cachotteries, de mensonges, ne vous pèse pas comme à moi?

MARCEL, d'un ton singulier.

Oh! si, je vous le jure. (Il remonte.)

LOUISE, à part.

Le même regard! le même son de voix qu'il y a un an! encore! oh! maintenant j'ai le droit de parler, j'ai ma fille *.

MARCEL, qui marche çà et là.

Voyons? que désirez-vous? que voulez-vous? car, en vérité, c'est du dernier ridicule de venir me relancer jusqu'ici.

LOUISE.

Mais cependant... puisque vous me défendez de vous écrire et que vous ne m'écrivez pas.

MARCEL, troublé.

Je vous ai écrit... ce matin...; ma lettre doit être chez vous à cette heure.

LOUISE.

A Auteuil!

MARCEL.

Non, à votre logement de Paris.

____

* Marcel, Louise.

LOUISE, doucement.

Pourquoi ne m'avoir pas écrit plus tôt... c'est mal.

MARCEL, d'un ton singulier.

Oui... j'ai eu tort, c'est vrai... (Il touche machinalement les papiers et les livres.)

LOUISE, tristement.

Vous voudriez bien me voir loin, n'est-ce pas ?

MARCEL.

Il est certain qu'ici je ne suis pas tranquille... Tenez, voyez... j'ai la fièvre. (Il lui donne sa main.)

LOUISE, tout en la gardant.

Mais pourquoi l'avez-vous ? ce ne peut être seulement la crainte que vous inspire M. Vaubernier qui vous met dans l'état où je vous vois.

MARCEL, retirant sa main.

Louise... est-ce que vous allez me faire une scène de jalousie à présent ?

LOUISE.

Non, non. (Avec chagrin.) Maintenant que je vous ai vu... maintenant... que vous ne m'avez pas même embrassée... je m'en vais.

MARCEL, lui remettant avec empressement l'ombrelle qu'elle avait déposée sur le canapé.

Cette ombrelle est à vous, je crois ?

LOUISE, avec un sourire amer.

Oui, merci ; quand viendrez-vous à Auteuil ?

MARCEL.

Je ne sais pas... quand je pourrai. (Louise essuie une larme.)

MARCEL, ému.

Voyons, ne pleure donc pas, enfant.

LOUISE, avec un rayon d'espoir.

Qu'est-ce qu'il y a dans ta lettre ?

MARCEL, après un mouvement et d'une voix troublée.

Tu... le verras.

LOUISE, frappée tout à coup et tremblante.

Veux-tu que je te le dise, moi ?

MARCEL.

Mais...

LOUISE.

Il y a un adieu! un adieu éternel! Tu ne réponds pas? (Avec désespoir.) C'est cela! c'est cela! Oh! Marcel! Marcel, ce n'est pas possible! (Elle descend.)

MARCEL*.

Mais non... tu es folle.

LOUISE, éperdue.

Non, je ne suis pas folle, tu veux me quitter! je le sens là... Ma pauvre petite Marceline!... Ah! tu vois bien... tu pleures... parce que tu n'es pas méchant... pourquoi veux-tu me quitter ? (Passant par degrés à la colère.) Oui, pourquoi, ou plutôt... pour qui ? Est-ce pour cette jolie femme que j'ai vue un jour à ton bras?

MARCEL.

Mais cette femme...

LOUISE.

Oui, tu m'as dit que c'était la femme d'un ami ; mais je ne t'ai pas cru... Est-ce pour cette femme-là, dis, que tu veux?... Tu lui fais la cour? Tu l'aimes! N'est-ce pas que tu l'aimes? Oh! du reste, c'est toujours ainsi... On sacrifie sans remords la pauvre fille qui vous donnerait sa vie à la coquette qui se moque de vous.

MARCEL.

D'abord, de qui parlez-vous?

* Louise, Marcel.

LOUISE.

De cette femme que vous aimez et qui ne vous aime pas.

MARCEL.

Eh bien ! non, elle ne m'aime pas, c'est entendu.

LOUISE, se montant.

Non, elle ne vous aime pas et elle en aime un autre.

MARCEL.

Louise, allez vous-en, vous allez dire des folies...

LOUISE.

Oh! cette femme vous tient donc bien au cœur ?

MARCEL.

Je veux vous empêcher d'être méchante.

LOUISE.

J'ai dit la vérité.

MARCEL.

Ah! assez, je vous en prie.

LOUISE.

Je dis ce que j'ai vu... cette femme, aux Tuileries, avec un jeune homme qui lui tenait la main et qui lui disait : je vous aime !

MARCEL.

Vous mentez !

LOUISE.

Monsieur Vaubernier! (Froidement.) Non, je ne mens pas... et la preuve, c'est que je sais le nom de cet homme... il s'appelle Ludovic d'Orilly.

MARCEL, s'oubliant.

Ludovic... oh! je le tuerai.

LOUISE, raillant et avec éclat.

Parce qu'il est son amant ?

MARCEL, s'oubliant.

Malheureuse! je vous défends d'insulter ma femme...

LOUISE, avec un cri.

Ah!... votre... votre femme... marié, lui... il est marié! Oh!...
(Elle tombe évanouie sur le canapé.)

MARCEL, éperdu.

Qu'ai-je fait? Louise! Louise! mon Dieu! quelle position! (Avec
un cri.) Ah! Camille!

SCÈNE VIII

Les Mêmes. CAMILLE, puis JULIETTE.

CAMILLE, entrant *.

Mon oncle n'y est pas, qu'avez-vous donc? (Apercevant Louise.)
Que vois-je?... une femme évanouie?

MARCEL.

Mon Dieu oui!... une cliente à Chenevière... nous l'attendions
ensemble... et... comme cela... tout d'un coup...

CAMILLE **.

Ces fleurs peut-être... Ah! mon flacon... (Elle lui fait respirer des
sels.)

MARCEL, perdant la tête.

Venez, venez, nous allons envoyer ici la femme de chambre de
Juliette.

CAMILLE.

Sonnez Rosalie, mais nous ne pouvons abandonner cette... Ah!
elle a fait un mouvement.

LOUISE, éclatant en sanglots.

Mon Dieu! mon Dieu!

* Louise, Marcel, Camille.
** Louise, Camille, Marcel.

CAMILLE, *essuyant ses larmes avec son mouchoir.*

Elle souffre encore... (A Louise.) Madame, à quoi attribuez-vous votre évanouissement ?

LOUISE, *amèrement.*

A quoi ? mais qui me parle ! (Avec un cri.) Ah ! (Se levant, à part.) madame Vaubernier... c'est elle !

CAMILLE, *avec bonté.*

Vous sentez-vous mieux, madame ?

LOUISE, *la regardant curieusement.*

Oui... oui... (A part.) Elle est bien belle !

CAMILLE,

Appuyez-vous sur moi !

LOUISE, *avec un mouvement involontaire.*

Non... (Se remettant.) je puis marcher seule... (Elle se dirige vers la porte.)

CAMILLE.

Mais, attendez du moins que l'on ait fait avancer une voiture.

LOUISE, *souriant et la regardant toujours, en passant devant elle.*

C'est inutile... merci, merci ! (Passant près de Marcel et d'une voix sourde.) Monsieur Vaubernier ! je vous méprise ! (Elle sort rapidement par le fond.)

SCÈNE IX

MARCEL, CAMILLE, puis JULIETTE, et ensuite UN DOMESTIQUE.

CAMILLE, *allant rapidement à Marcel* .

Que vous a-t-elle dit ?

MARCEL, *tremblant.*

A moi ?... mais rien.

*Camille, Marcel.

CAMILLE.

Si ; elle vous a parlé bas, j'en suis sûre, et d'ailleurs, votre
trouble, votre pâleur, qu'y a-t-il encore ? Mon Dieu ! mon Dieu !
mais nous marcherons donc toujours dans la nuit avec vous ?

MARCEL.

Camille !

CAMILLE.

Vous connaissez cette femme... cela est certain, vous dis-je ; eh
bien ! qui est-elle ? répondez, je veux le savoir.

JULIETTE, entrant *.

Je vais te le dire, moi : cette femme s'appelle Louise Vernon, et
elle est la maîtresse de M. Chenevière.

CAMILLE.

De ton mari ?

MARCEL.

Vous vous trompez !

JULIETTE.

Oh ! non, non, je l'ai bien reconnue ! c'est la dame à la citadine,
qui lui souriait l'autre jour, qui lui a écrit ce matin. (Elle froisse le
billet de Louise.) Elle voulait le voir... lui parler... il fallait m'éloigner,
alors il m'a emmenée au Palais ! il savait bien que, lorsque je serais
là, il serait libre, lui ; car la cause qu'il était censé devoir plaider
a été remise... et il savait bien qu'elle devait l'être... moi, je l'ai
appris par hasard ; alors j'ai quitté mon oncle, je me suis jetée
dans une voiture et... Oh ! cette femme, je saurai qui elle est, je
saurai !

UN DOMESTIQUE, entrant.

M. Ludovic d'Orilly fait demander si madame est visible !

MARCEL, à part.

Ludovic !

* Juliette, Camille, Marcel.

4

JULIETTE.

Monsieur d'Orilly, qui connaît tout le monde...

MARCEL, à part.

Ludovic, qui a osé dire à Camille qu'il l'aimait.

JULIETTE.

Il me dira peut-être ce que cette femme venait faire chez moi. (Au domestique.) Faites entrer *.

MARCEL.

Un moment. (A part.) Ah! le traître! je le châtirai demain... mais il me servira aujourd'hui. (Bas à Juliette et à Camille.) Juliette, vous voulez demander à M. d'Orilly ce que venait faire ici madame Louise Vernon... Eh bien, je vais vous le dire, moi, elle voulait me faire prévenir que M. d'Orilly est un faux ami et qu'il cherche à me voler le cœur de ma femme.

CAMILLE, à part.

Ah!

MARCEL, de même **.

Elle voulait me faire savoir qu'un jour, aux Tuileries, cet homme a eu l'audace de parler d'amour à Camille, de serrer la main de Camille... (Au domestique.) Faites entrer M. d'Orilly.

CAMILLE, s'élançant ***.

Non, non, madame n'y est pas... allez! allez!... (Le domestique sort, courant à Marcel.) Marcel!

MARCEL.

Eh! bien, quoi donc! chère enfant, est-ce que c'est ta faute? (A part.) Le danger est passé pour un instant toujours.

JULIETTE, qui semblait dans une grande agitation.

C'est à n'y rien comprendre.

* Camille, Juliette, Marcel.
** Camille, Marcel, Juliette.
*** Marcel, Camille, Juliette.

MARCEL

Que dites-vous ?

JULIETTE, ironique.

Je dis... je dis que tout ceci n'est pas clair, que les termes de la lettre que voici n'annonçaient pas la démarche que vous voulez bien prêter à mademoiselle Louise Vernon... je dis !... ah ! mon oncle !

VAUBERNIER, venant tomber sur le canapé [*].

Mais c'est un véritable steeple-chase ! je cours après ma nièce... mon neveu court après son oncle !... (A Juliette.) Après qui cours-tu donc toi ?

JULIETTE.

Moi, mon oncle, je cours après la vérité, et je l'atteindrai, je vous le jure.

VAUBERNIER.

Qu'est-ce que ça veut dire !

JULIETTE.

Cela veut dire que mon mari me trompe, que vous me trahissez, que tout le monde me trahit.

CHENEVIÈRE, qui est entré et qui a été tout de suite où était la lettre de
Louise, à part [**].

J'en étais sûr... elle a trouvé la lettre de Louise... Imbécille que je suis.

MARCEL, bas, et vivement.

Elles ont vu Louise... Louise s'est évanouie... tu es accusé.

CHENEVIÈRE, à part.

Débrouille-toi là dedans, avocat, gagnons toujours du temps...

JULIETTE, à part.

Nous allons voir comment il se justifiera. (Elle va gravement à lui.)

---

[*] Vaubernier, Juliette, Marcel, Camille.
[**] Vaubernier, Juliette, Chenevière, Marcel, Camille.

CHENEVIÈRE, à part.

C'est bien ça (Haut.) Juliette !

JULIETTE.

Monsieur !

CHENEVIÈRE.

Quand signons-nous notre séparation.

JULIETTE.

Plaît-il ?

VAUBERNIER, sautant.

Une séparation à présent.

CHENEVIÈRE.

Mais... c'est, je crois, ce que doit désirer Juliette, puisqu'elle a des preuves de ma trahison ; car vous avez des preuves sans doute... des preuves accablantes !

JULIETTE, avec dépit.

Des preuves accablantes.

LE DOMESTIQUE, entrant.

Une lettre pour madame.

JULIETTE *.

Ah ! en voilà peut-être ! (Regardant l'adresse.) Mais cette lettre est pour toi, Camille. (Elle la lui donne.)

CAMILLE, étonnée.

Pour moi ?

JULIETTE, regardant plus attentivement la lettre que tient Camille.

Mais attends donc ! (Elle compare l'écriture des deux lettres.)

MARCEL, qui a regardé aussi à la dérobée, bas à Chenevière **.

De Louise !

JULIETTE.

La même écriture !

---

* Vaubernier, Chenevière, Juliette, Camille, Marcel.
** Vaubernier, Chenevière, Marcel, Juliette, Camille.

CAMILLE.

Qu'est-ce que cela veut dire ? (Elle va ouvrir la lettre.)

MARCEL, à part.

Que faire ?

VAUBERNIER, à part.

Quel est ce dédale !

CHENEVIÈRE.

Il doit y avoir erreur, (Il veut prendre le billet, sa femme l'arrête * .)

CAMILLE, qui a ouvert le pli et qui a lu déjà quelques lignes.

Il doit y avoir erreur en effet... Qu'ai-je à voir à cette donation faite en faveur de mademoiselle Louise Vernon et de son enfant par... (Avec un cri et d'une voix altérée.) Qu'ai-je lu ? Frédéric-Marcel Vaubernier.

JULIETTE.

Ah !

CAMILLE, tendant le papier à Marcel.

Vous comprendrez peut-être, vous, monsieur.

MARCEL, bas à Chenevière **.

Tout est perdu !

CHENEVIÈRE, se frappant le front.

Non. (Bas à Marcel.) Tous les noms de ton parrain. (Il remonte.)

MARCEL, à part.

C'est vrai !

VAUBERNIER, criant ***.

Nom d'un petit bonhomme, voyons, qu'est-ce qu'il y a encore

CHENEVIÈRE, gravement.

Il y a, mon oncle, que ce que j'avais prévu est arrivé... Louis refuse vos offres.

* Vaubernier, Marcel, Chenevière, Juliette, Camille.
** Vaubernier, Chenevière, Marcel, Camille, Juliette.
*** Marcel, Vaubernier, Camille, Juliette, Chenevière.

VAUBERNIER, étonné.

Hein ? Louise !

CHENEVIÈRE, avec aplomb.

Eh bien, oui, la mère de votre enfant!

VAUBERNIER.

Qu'est-ce que vous dites ?

CHENEVIÈRE, de même.

La vérité !

VAUBERNIER.

Voulez-vous bien vous taire et ne pas dire de ces...

CHENEVIÈRE, l'interrompant

Mon oncle, une plus longue dissimulation est impossible... Vous avez vu que nous avons fait tout au monde pour cacher vos folies.

VAUBERNIER, à part [*].

Mes folies ? mais je rêve...

CHENEVIÈRE.

Mais du moment qu'elles peuvent nous être attribuées, vous comprenez qu'il n'y a plus d'amitié qui tienne.

VAUBERNIER, furieux.|

Ah ! mais à la fin.

MARCEL, bas.

Sauvez-moi, mon oncle.

VAUBERNIER, bas.

C'est donc toi, brigand !

JULIETTE, à part.

Qu'est-ce que ça veut dire ?

CAMILLE, à Chenevière.

Mais Marcel m'a dit que cette dame...

[*] Marcel, Vaubernier, Chenevière, Camille, Juliette.

MARCEL, vivement et avec des signes d'intelligence à Chenevière.

Je vous ai dit, Camille, que cette dame était venue pour me faire prévenir par Chenevière de la perfidie de M. d'Orilly qui avait osé vous faire la cour.

CHENEVIÈRE, à part.

Ah bon ! (Haut.) Eh ! bien, cette dame qui venait pour me parler a trouvé Marcel ici, Marcel, qui connaissait les intentions de notre oncle à l'égard de l'enfant...

VAUBERNIER.

Qu'est-ce que...

CHENEVIÈRE.

Il les connaissait ! Alors, dans un premier mouvement, mouvement dicté par l'intérêt, et que je blâme... il a fait une scène terrible à cette pauvre femme... brisée par la honte, la confusion, car elle a sa fierté !... elle s'est évanouie !... Je l'ai rencontrée tout à l'heure pâle, à demi-morte... elle m'a jeté quelques mots et s'est enfuie ; elle sera retournée chez elle, et c'est de là sans doute qu'elle a renvoyé à la femme l'acte de donation que réclamait si impérieusement le mari. (A part.) Ouf !

VAUBERNIER, à part.

Ah ! le scélérat ! comme il arrange tout ça.

JULIETTE.

Cet acte doit être signé alors ?

CHENEVIÈRE*.

Oui... à la seconde page.

JULIETTE.

Eh bien, mais il faut...

CHENEVIÈRE, lui montrant la signature, bas.

Mais tais-toi donc, grand-inquisiteur !

* Marcel, Vaubernier, Camille, Chenevière, Juliette.

JULIETTE, à part.

Je comprends tout ! oh !

CAMILLE.

Voyons, voyons, Juliette, car en vérité... ma tête se perd.

JULIETTE *.

Mais il n'y a rien de plus simple... (A Vaubernier qui s'est assis devant le bureau.) Ah ! mon oncle ! qui l'aurait cru ?

CHENEVIÈRE.

Qui se serait douté ? A ! mon oncle !

VAUBERNIER, ahuri.

Allez au diable !

CAMILLE, à ses genoux **.

Voyons, mon oncle, parlez... Dites-moi que tout cela est bien la vérité... mais dites donc ?

CHENEVIÈRE.

Mais dites donc, mon oncle ?

VAUBERNIER.

Que je dise ? que... (A part, en regardant Camille.) La pauvre petite... Il y va de tout son bonheur !

CAMILLE.

Eh bien ?

VAUBERNIER, furieux.

Eh bien... quoi ? j'avoue ! parbleu ! (Il se lève.) Il le faut bien ! mais ce n'est pas parce que vous me le dites... Ce n'est pas pour céder à... non, mais parce que je le veux bien... parce que je suis mon maître, après tout... *** et que je suis libre de disposer de mon argent à ma fantaisie... et de faire toutes les donations et tous les enfants qui me passeront par la tête ! Vous trouvez que c'est trop à présent ? Eh ! bien, non, ce n'est pas trop, ce n'est pas

* Marcel, Chenevière, Vaubernier, Juliette, Camille.
** Marcel, Chenevière, Vaubernier, Camille, Juliette.
*** Marcel, Chenevière, Vaubernier, Juliette, Camille.

assez, jamais assez !... Ah ! vous voulez des enf... On est encore vert ou on ne l'est plus ! Guzman une fois lancé ne connaît plus d'obstacles.

CAMILLE et CHENEVIÈRE.

Mon oncle !

VAUBERNIER, enfonçant son chapeau.

Je ne suis plus votre oncle... je suis le père Gigogne !... (Il sort dans la plus grande agitation. Camille fait un geste de défiance, Marcel serre en secret la main à Chenevière.)

ACTE TROISIÈME

Un salon. — Canapé à droite, table à gauche, cheminée dans l'angle à droite.

SCÈNE PREMIÈRE

CAMILLE, JULIETTE, Deux Femmes de chambre[*].

Des robes, des manteaux et autres objets de toilette sont épars çà et là. — Juliette, en toilette de ville, est debout près de Camille qui est en train d'essayer une robe.

CAMILLE

Eh bien ! tu as vu maintenant toutes mes richesses.

JULIETTE.

Et ce n'est que pour cela que tu m'as fait venir ?... bien vrai ?

CAMILLE.

Comment ? que pour cela... des manteaux couleur du soleil et des robes couleur de la lune, est-ce donc, selon toi, une si mince affaire ?... ah ! mais, à propos ?... je ne t'ai pas montré mon burnous ? Vois les beaux effilés... de l'argent liquide, un Niagara de soie !

[*] Juliette, Camille.

JULIETTE, qui étudie Camille.

Et... où irez-vous ?

CAMILLE.

Ah ! je ne sais pas d'abord si Marcel m'accompagnera, car il ne se soucie que médiocrement des villes d'eaux, et, en revanche, la vue de l'Océan l'ennuie à périr !. . J'ai enrôlé quelques-unes de ces dames... Nous allons à Trouville, à Étretat, à Ems, à Vichy, à Bade, un peu partout enfin... si tu veux faire partie de la caravane ?...

JULIETTE, même jeu.

Et tu pars bientôt ?...

CAMILLE.

Le plus tôt possible !... tu comprends bien qu'on ne peut pas rester plus longtemps à Paris, puisqu'il est imprimé qu'il n'y a plus personne... ' Lis plutôt les *Chroniques parisiennes*... elles n'ont qu'une voix là-dessus... elles ne s'expliquent même pas le fol entêtement des boutiquiers à montrer leurs vitrines, et prédisent gravement qu'avant une huitaine tous les magasins seront fermés, et dame, comme alors la capitale ne sera plus sûre ?

JULIETTE.

Mais, il y a quatre jours, la dernière fois enfin que nous nous sommes vues, tu ne m'as pas parlé de ce projet.

CAMILLE, se coiffant.

C'est tout naturel, je ne l'ai conçu qu'avant-hier.

JULIETTE *.

Ah !

CAMILLE, remontant.

Oui, je me suis aperçue tout à coup que j'étais restée quarante-huit heures sans manger et sans dormir **. — Alors j'en ai conclu que je devais m'ennuyer, et j'ai fait descendre mes malles... Il me va bien, n'est-ce pas, ce petit chapeau-là ?

* Camille, Juliette.
** Juliette, Camille.

JULIETTE.

Oui, très-bien !

CAMILLE.

Ah ! mais… (riant) figure-toi que, depuis deux jours, j'ai dans le grand salon quatre ouvrières enfouies sous les crinolines et les falbalas… ; hier soir, l'une d'elles avait complétement disparu… il a fallu deux grandes heures pour la retrouver… (Avec une agitation toujours croissante.) Ah ! par exemple, c'est la douane qui me tourmente, tous ces braves gens-là, très-certainement, vont mettre mes toilettes au pillage !… Ma foi ! tant mieux, pour tout ce que ça vaut… Ah ! je vous en supplie, mesdemoiselles, ôtez-moi de la vue ces robes, ce manteau, toute cette friperie ! c'est un encombrement asphyxiant ; il n'y a plus un pouce d'air ici… (Avec un sanglot comprimé.) J'étouffe ! j'étouffe ! (Elle tombe sur le canapé. Les filles de chambre sont sorties. Juliette court à Camille.)

JULIETTE, la prenant dans ses bras.

Camille !… ma bonne Camille !…

CAMILLE, éclatant.

Ah ! j'ai beau vouloir… je ne peux pas ! je ne peux pas !

JULIETTE, à part.

J'avais bien deviné… (Haut.) Voyons ! es-tu folle, Camille ? Qu'est-ce que tu as ?… qu'est-ce que ça veut dire ?

CAMILLE.

Eh ! tu le sais bien !… Oh ! Marcel ! Marcel !

JULIETTE, cachant son embarras.

Encore ?… (S'asseyant à côté d'elle.) Enfant que tu es, tu sais pourtant que tout a été expliqué ? et… (avec un rire forcé) que notre mauvais sujet d'oncle…

CAMILLE, nerveusement.

Ne me dis donc pas cela… me crois-tu aveugle, par hasard ?… et t'imagines-tu que je n'aie pas remarqué l'anxiété de Marcel et l'ahurissement de M. Vaubernier ?…

JULIETTE, balbutiant un peu.

Ahurissement tout naturel, et... provenant de la honte qu'il devait éprouver en se voyant ainsi, tout à coup, sur la sellette en présence de...

CAMILLE.

Mais tais-toi donc, tu ne penses pas un mot de tout ce que tu me dis là.

JULIETTE, de plus en plus embarrassée.

Tu es terrible, vraiment... mais quand je te répète...

CAMILLE.

Je te répète, moi, que tout ce que tu me dis là et rien, c'est absolument la même chose. Je sais trop bien à quoi m'en tenir, et tant qu'on ne me donnera pas d'autres preuves...

JULIETTE.

Eh bien, voyons, si l'innocence de Marcel n'est pas entièrement prouvée, sa culpabilité n'est pas complétement prouvée non plus ! attends donc encore pour te désespérer.

CAMILLE.

Oui, tu as raison... Oh ! je ne demanderais pas mieux que de croire en lui... mais, que veux-tu ? le doute est entré là, et il sera bien difficile de l'en arracher, va... d'autant plus difficile que c'est comme une fatalité qui pousse à chaque instant Marcel à déchirer lui-même le voile qu'il devrait tenter d'épaissir... (Ecoutant.) Le voilà... tu vas voir. (Elles se lèvent.)

JULIETTE, avec effroi.

Camille !...

CAMILLE.

Tiens, tu te trahis toi-même, tu ne craindrais rien pour lui, si tu ne le savais pas coupable.

JULIETTE.

Mais ce n'est pas cela... tu ne me comprends pas...

CAMILLE, froidement.

Tais-toi... tu vas voir, te dis-je...

JULIETTE, à part.

Ah! mon Dieu! mon Dieu!

SCÈNE II

LES MÊMES, MARCEL.

(Tout, dans l'air et la contenance de Marcel, annonce une préoccupation intérieure des plus grandes *.)

MARCEL.

Bonjour, Camille!... (Il lui serre la main et va tout aussitôt vers Juliette.) Bonjour, petite cousine! vous venez passer la journée avec nous, n'est-ce pas?

JULIETTE.

Mais non, je ..

MARCEL, ne pouvant réprimer un mouvement de contrariété.

Pourquoi?... qui vous rappelle chez vous?... restez donc... Lucien viendra vous rejoîndre... (Il remonte **.)

CAMILLE, bas à Juliette.

Premier symptôme... il a peur de rester seul avec moi.

JULIETTE, à part.

Et Lucien qui me traitait de grand inquisiteur? mais elle, c'est le conseil des Dix!

MARCEL, qui s'est débarrassé de ses gants et de son chapeau.

Vous ne savez pas, mesdames, M. et madame de Valville se sont rapatriés... M. de Valville a retiré sa plainte... On ne parle que de cela partout.

---

* Juliette, Marcel, Camille.
** Juliette, Camille, Marcel.

CAMILLE.

Ah! et que dit-on?

MARCEL.

On approuve le mari...et...je l'approuve moi-même... (Appuyant.) car c'est une grande vertu que la clémence...

CAMILLE, à Juliette.

Comme on voit bien qu'il a besoin de pardon!...

JULIETTE, à part.

Le malheureux n'en sortira jamais...

CAMILLE, prenant le bras de son mari.

La clémence est une grande vertu, dites-vous? La possédez-vous au moins, Marcel?

MARCEL, toujours sur le qui-vive.

Comment?

CAMILLE, tendrement.

Oui... voyons, monsieur, avez-vous pardonné à votre femme?

MARCEL.

Quoi donc?... l'histoire des Tuileries?

CAMILLE.

Oh! elle n'avait pas besoin de pardon pour cela.

MARCEL.

Et quoi, alors?...

CAMILLE.

Mais... ses injustes soupçons... (Mouvement de Marcel.)Oh! j'étais folle! mais que veux-tu?... (Appuyant.) Cette femme évanouie!... cette donation signée justement de tous tes noms... je ne pensais pas, à ce moment-là, moi, que M. Vaubernier t'avait généreusement donné tous les siens!...

MARCEL, sur les épines.

Ne parlons donc plus de cela, je t'en prie!

CAMILLE, après un regard en dessous à Juliette.

Si fait... je veux en parler, au contraire, et je veux même m'accuser bien fort! comme cela tu n'auras plus le courage de m'accuser toi-même.

MARCEL, troublé.

T'accuser?... Mais moi seul suis coupable!... (Se remettant.) car j'ai manqué de confiance envers toi... ne devais-je pas te mettre tout de suite au courant de cette sotte histoire de M. Vaubernier?

CAMILLE, simplement.

Oh! bien sotte, en effet!... car entre nous... tiens, nous en parlions à l'instant même avec Juliette...

MARCEL.

Ah !

JULIETTE, à part.

Bon!... me voilà du conseil...

CAMILLE.

Et nous nous disions que très-probablement...(avec intention) notre oncle avait été la dupe d'une intrigante! (Mouvement de Marcel.) Tu ne sais pas? nous avons eu des renseignements sur cette demoiselle Vernon... Il paraîtrait que ce n'est pas grand'chose...

MARCEL, avec un tremblement involontaire dans la voix.

Ma foi, je n'en sais pas aussi long que vous... car je n'en ai pas entendu dire du mal. (Camille jette un regard à Juliette.)

JULIETTE, à part.

Le maladroit!

MARCEL, avec une gaieté forcée.

Ah! çà, mais il me semble que nous pourrions trouver un autre sujet de conversation.

CAMILLE.

Comment... mais il s'agit d'une part de ton héritage...

MARCEL, étourdiment.

Oh! qu'à cela ne tienne!

CAMILLE, perfidement, après un nouveau regard jeté à Juliette.

Oh! je sais que tu n'es pas intéressé, toi... c'est ce que nous disions encore tout à l'heure avec Juliette.

JULIETTE, à part.

Elle y tient!

CAMILLE.

Nous parlions de ces hommes qui, placés entre un devoir à remplir avec quelques privations à supporter, et une union qui pourrait doubler leur fortune, n'hésiteraient pas à étouffer sous des sacs d'écus leur conscience et leur amour, et nous disions que tu n'étais pas un de ces hommes-là, Marcel!

MARCEL.

Oh! je te jure!...

CAMILLE, l'interrompant et avec un sourire pénible.

Mais... ne jure donc pas... pourquoi faire? (Éclatant de rire.) Ah! ah! ah! dire que j'ai pu croire un instant que tu m'avais sacrifiée à cette... Louise Vernon! ah! encore une fois, j'étais folle! Car je dois penser que si tu me donnais une rivale, tu me ferais l'honneur de la choisir plus jolie que moi, ou... (Appuyant.) moins laide qu'elle.

MARCEL, s'oubliant.

Moins laide? ah! Camille, c'est abuser un peu du droit que vous avez d'être difficile.

CAMILLE, vivement.

Pourquoi donc me dis-tu : vous, maintenant?... Est-ce parce que je ne trouve pas cette femme jolie?

MARCEL.

Ah! quelle idée!... (A part.) Je n'ai plus même conscience de ce que je dis! (Il remonte.)

JULIETTE, à part et avec colère.

Mon Dieu! que les hommes sont bêtes!

CAMILLE, bas à Juliette.

Eh bien, tu vois?...

JULIETTE, de même.

Je ne vois rien encore qu'une dissidence entre vous, sur une question de beauté... Eh bien?... quoi? les Hottentots ne comprennent pas la Vénus comme nous... qu'est-ce que cela prouve?

CAMILLE.

Rien encore... tu as raison et j'attendrai d'autres preuves... (A part.) J'en attends... (Victoire est entrée; elle dit un mot à l'oreille de Camille; à part *.) Nanette!... enfin!... elle m'éclairera peut-être, elle... (Haut.) Excuse-moi, Juliette... (A Chenevière qui entre.) Excusez-moi aussi, Lucien; Victoire vient de me dire qu'une grave question de jupe se débattait entre mes couturières, et vous comprenez?... (A Juliette qui a fait un mouvement vers elle.) Oui, oui, j'attendrai... (d'un ton singulier) j'attendrai encore pour...

JULIETTE, vivement.

Pourquoi?

CAMILLE, se remettant et bas.

Mais pour désespérer tout à fait. (Haut.) A bientôt! à bientôt! (Elle sort à gauche.)

SCÈNE III

CHENEVIÈRE, JULIETTE, MARCEL **.

(Chenevière avait sous le bras en entrant un grand portefeuille qu'il a déposé sur une table; dès que Camille a disparu Marcel se précipite vers Chenevière.)

MARCEL, très-agité.

Lucien, viens à mon secours, Camille n'a pas été dupe de notre mensonge... Elle est à son tour, j'en suis sûr, à la recherche de la

* Juliette, Camille, Chenevière, Marcel.
** Juliette, Chenevière, Marcel.

vérité, et... si elle venait à la découvrir tout entière? si elle ne pouvait plus douter?... Ah! tiens... je frémis à cette seule pensée !

CHENEVIÈRE.

Et moi donc?... aussi ai-je déjà manœuvré en conséquence.

MARCEL.

Oh! merci! merci! ne m'abandonne pas! sauve-moi! il faut que tu me sauves! Car, vois-tu, moi, je ne serais plus capable de me sauver moi-même; en face de Camille, sous le feu de ce regard qui plonge constamment dans les moindres replis de ma pensée, je deviens fou! je deviens idiot! (Tombant sur le canapé.) Ah! je suis bien malheureux, va !

JULIETTE, qui marchait avec agitation, éclatant tout à coup *.

C'est bien fait !

CHENEVIÈRE.

Juliette !

JULIETTE, s'animant encore.

Oui, c'est bien fait! (A Marcel.) Je ne vous ai pas revu seul depuis hier, depuis votre duel avec M. d'Orilly, que vous avez blessé... Je n'ai donc rien pu vous dire; mais vous n'en serez pas quitte comme cela.

CHENEVIÈRE, voulant la calmer.

Voyons! voyons!

JULIETTE.

Oh! les hommes!... les hommes!... Un étourdi, un fat, a-t-il murmuré quelque galanterie à notre oreille? effleuré du doigt le bout de notre gant, obtenu par hasard un sourire distrait de nos lèvres?... Vite, un champ clos, des témoins, des épées! On se bat galamment, on s'égorge comme il faut, et le combat fini, on remonte en voiture et l'on court chez sa maîtresse... Et ces messieurs battent des mains! et ils trouvent cela tout simple! oh! c'est qu'un

* Chenevière, Juliette, Marcel.

mouvement d'innocente coquetterie chez une femme mariée, c'est un grave délit, plus qu'une faute, un crime ! Mais une infidélité flagrante, chez un mari, c'est un enfantillage, une folie, un rien !... Comment donc ! mais cela lui sied même ; cela le repare ; cela le complète... C'est le dernier mot de l'élégance, comme la fleur d'Isabelle dans la boutonnière, la carte verte ou rose fichée à un chapeau... Un mari qui n'a que sa femme ?... ah fi !... mais c'est un homme jugé, un pauvre homme ! et le moins qui puisse lui arriver pour ce crime de lèse-galanterie, est de passer éternellement inaperçu dans la foule élégante en quête de scandales... Mais... être à la fois le mari de madame une telle et l'amant de *mademoiselle Machin* ! oh ! oh ! c'est bien une autre affaire ! Quand cet homme supérieur est assis dans sa loge auprès de... la délaissée, le fameux tout Paris est debout, clignant malignement de l'œil dans ses lorgnettes braquées, et cherchant avidement par toute la salle le profil effronté de la maîtresse afin de le comparer au timide visage de la femme légitime ; et pendant que celle-ci, se sentant l'objet d'une curiosité brutale dont peut-être elle devine la cause, se cache humiliée et rougissante derrière son bouquet ou derrière son éventail, *l'autre*, heureuse ! triomphante ! et ses coudes nus sur le velours, plonge tranquillement son museau carminé au milieu des fondants et des quartiers d'oranges !... Eh bien, vous en direz ce que vous voudrez, messieurs, mais c'est inique, absurde, révoltant ! et il y a encore une révolution à faire. (Chenevière, qui plusieurs fois a voulu arrêter Juliette, puis s'est décidé à s'asseoir, se levant tout à coup *.)

CHENEVIÈRE.

As-tu fini ?

JULIETTE, encore animée.

Oui... ; je dirai le reste une autre fois !

CHENEVIÈRE, à part.

Elle aussi a voulu tirer son petit feu d'artifice ! (Haut.) Voyons,

---

* Juliette, Chenevière, Marcel.

entendons-nous, car tu nous fais perdre un temps précieux, toi, avec tes tirades !

JULIETTE.

Ah ! tant pis ! j'avais besoin de ça !

CHENEVIÈRE, fouillant dans son portefeuille.

Distribuons-nous les rôles.

JULIETTE, montrant le portefeuille.

Qu'est-ce que c'est que ça ?

CHENEVIÈRE.

C'est le sac à la malice ! (Tirant un paquet cacheté et le remettant à Marcel qui s'est levé.) Toi, d'abord, prends ce dossier, et va le dépouiller à huis clos, tu entends bien?... (A Juliette.) Juliette, j'attends notre oncle à qui je vais dire des choses!... tu enverras chercher un médecin par précaution !

JULIETTE.

Hein ?

CHENEVIÈRE.

Va près de Camille !.. occupe-la... retiens-la ; qu'elle ne vienne pas ici... (Écoutant.) M. Vaubernier ! (Les poussant.) Allez, allez !

MARCEL, montrant le paquet.

Mais que dois-je donc faire de...

CHENEVIÈRE, bas.

Des cendres... Ce sont tes lettres à Louise.

MARCEL.

Comment ?

CHENEVIÈRE.

Tu comprendras plus tard ! va donc ! va donc ! (Il les pousse tous deux à droite et à gauche. Tous deux sortent.)

5.

SCÈNE IV

CHENEVIÈRE seul, puis aussitôt VAUBERNIER.

CHENEVIÈRE.

Il y a doubles portes... c'est bien !... (D'un ton sombre.) On n'entendra pas les cris de la victime. (Vaubernier paraît, à part.) Voilà l'homme ! (Vaubernier entre gravement, il a son habit boutonné jusqu'en haut et son chapeau rabattu sur ses yeux *.)

VAUBERNIER.

Ah! ah! vous vous êtes donc enfin décidé à donner signe de vie?... Depuis quatre jours que vous m'évitez !... Mais vous voilà !... et vous n'aurez rien gagné pour attendre.

CHENEVIÈRE.

Je ne vous évitais pas, mon oncle, je m'occupais activement de vos affaires et des nôtres.

VAUBERNIER, avec une ironie glaciale.

Vraiment!... nous allons bien voir ce que vous avez imaginé... D'abord, arrangez-vous, mais j'ai bien et mûrement réfléchi sur tout ceci, et je vous en préviens! il ne sera pas dit que vous m'aurez fourré dans une pareille impasse et que vous ne me donnerez pas les moyens d'en sortir! (Après un moment de silence.) On n'a pas idée d'une chose pareille! Moi qui étais resté garçon pour être assuré de vivre toujours tranquille, à l'abri des tracas du ménage, de la famille, et vous venez comme cela, sans façon, sans crier gare!... m'affubler d'un... c'est incroyable, ma parole d'honneur ! (S'animant.) Me rendre responsable des œuvres de monsieur mon neveu!... sacrebleu!... quand on a signé de ces sortes de billets, on les paie.

CHENEVIÈRE, très-calme.

Eh bien oui... mais quand le premier souscripteur du billet est insolvable, vous savez, mon oncle, on a recours à l'endosseur...

* Vaubernier, Chenevière.

VAUBERNIER.

Et... l'endosseur, c'est moi!... Vous fichez-vous du monde ?

CHENEVIÈRE.

Mais vous êtes excellent, mon oncle.

VAUBERNIER, se montant de plus en plus.

Vraiment?... vous croyez?... eh bien! vous êtes dans l'erreur!... et puisqu'il en est ainsi, je refuse ma signature. (Se promenant avec agitation.) Me faire passer pour un céladon, pour un séducteur! je sais bien que si je voulais... tenez... mais je ne veux pas. Tenez, je donnerais la moitié de mon bien pour que la diligence qui m'apportait d'Amiens mon neveu Marcel, eût versé dans la Somme, et pour que vous, personnellement, vous vous fussiez cassé le cou dans mon escalier, le jour où vous le gravissiez pour me venir demander la main de ma nièce.

CHENEVIÈRE, froidement.

Voilà des vœux bien peu chrétiens, mon oncle.

VAUBERNIER.

Hein?... eh bien, c'est possible; mais ce qui est certain, c'est que mon nom ne sera point mêlé dans tout cela.

CHENEVIÈRE.

Mais il y sera mêlé quand même, mon oncle... et tout au long!... nom et prénoms.

VAUBERNIER.

Vous faut-il de l'argent ? puisez dans mes coffres...

CHENEVIÈRE.

Cela ne suffit pas... et la morale...

VAUBERNIER.

La morale! Vous êtes avocat. Vous la retournerez, la morale.

CHENEVIÈRE.

Ah! mon oncle !

VAUBERNIER.

Enfin ! enfin ! arrangez-vous comme vous voudrez, mais laissez-moi tranquille.

CHENEVIÈRE.

Après tout, vous avez raison... qu'ils s'arrangent ! que cette femme et son enfant aillent au diable !... qu'une séparation ait lieu entre Camille et Marcel... et que Camille en meure ! qu'est-ce que ça peut nous faire, je vous le demande ?

VAUBERNIER.

Tenez, Chenevière, il y a des moments où je vous étranglerais avec délices.

CHENEVIÈRE.

Allez, mon oncle, je viendrai par dessus les autres, je grossirai le tas !

VAUBERNIER.

Quel tas ?

CHENEVIÈRE.

Le tas de vos victimes ; car, songez-y, tous ces malheurs-là seront votre ouvrage.

VAUBERNIER.

Mon ouvrage ?

CHENEVIÈRE.

Sans doute... puisque en vous refusant à ce qu'on vous demande...

VAUBERNIER.

D'abord, qu'est-ce qu'on me demande ? de porter cet enfant à mon avoir ?... mais c'est absurde !... ce n'est pas moi qui l'ai fait, cet enfant-là !

CHENEVIÈRE, froidement.

Où serait le mérite, alors ?

VAUBERNIER.

Inouï ! inouï ! (Par réflexion.) D'abord, voulez-vous que je vous dise? Eh bien, j'ai passé l'autre jour une heure avec Camille, et cela a suffi pour m'éclairer! Camille n'a pas cru un mot de votre belle histoire!

CHENEVIÈRE.

Je le sais, mon oncle.

VAUBERNIER.

Ah bah!

CHENEVIÈRE, brûlant la position.

Je sais que pour persuader, pour tranquilliser Camille..., (Avec sentiment.) la pauvre enfant que vous aimez tant!... il faudrait une preuve incontestable... victorieuse!... et c'est cette preuve-là que nous venons vous supplier de lui fournir...

VAUBERNIER.

Hein?... Qu'est-ce que vous me chantez?... et qu'attend-on encore de moi?

CHENEVIÈRE, même jeu.

On attend de vous, mon oncle, que vous suiviez enfin la loi commune... en un mot, on vous demande... de vous marier.

VAUBERNIER lève le poing comme pour l'assommer, puis va s'asseoir
sur le canapé et se relève aussitôt *.

De me marier?... moi?... Avec qui?...

CHENEVIÈRE.

Avec... (Tirant la donation du deuxième acte de son portefeuille.) Tenez... mon oncle, le nom... de cette personne est déjà là... à côté du vôtre... sur cet acte de...

VAUBERNIER, qui a lu.

Louise!... (Bondissant.) Ma canne!... ma canne!... ah! je n'ai pas pris ma canne!

CHENEVIÈRE, gravement.

Je vais vous en prêter une, mon oncle...; il faut garder les traditions!...

---

* Chenevière, Camille.

VAUBERNIER, furieux.

Et il se moque de moi, encore!... Ah! le scélérat! c'est trop d'audace!... Voyons, voyons! c'est une plaisanterie, n'est-ce pas?... vous n'avez pas eu l'idée insensée?...

CHENEVIÈRE, froidement.

Pardonnez-moi, mon oncle; j'ai déjà fait toutes les démarches!... et... je crois même que... j'ai fait la demande.

VAUBERNIER, s'essuyant le front.

Il est fou!

CHENEVIÈRE.

Oui... je me souviens... je l'ai faite...

VAUBERNIER.

Il est fou!

CHENEVIÈRE.

Et... elle consent presque...

VAUBERNIER.

Oui, oui, très-certainement, il est fou! ou je suis fou moi-même!

CHENEVIÈRE.

Tenez, mon oncle, voici sa lettre!...

VAUBERNIER.

Mon chapeau! (Il cherche son chapeau qu'il a sur la tête, Chenevière le suit, sa lettre à la main.)

CHENEVIÈRE, lisant *.

« Mon cher Chenevière, je ne chercherai pas à excuser ma conduite de l'autre jour... »

VAUBERNIER.

Où est mon chapeau?...

* Vaubernier, Chenevière.

CHENEVIÈRE, de même.

« Je vous dirai seulement que, ma colère passée, j'ai vu toute la petitesse de ma méchante action... »

VAUBERNIER, même jeu.

Mais je n'ai donc pas pris de chapeau non plus !...

CHENEVIÈRE, de même.

« Et que je n'ai plus songé qu'au moyen de la réparer... »

VAUBERNIER, s'arrêtant.

Ah! je ne sais pas ce que j'ai, mais les jambes me manquent... j'ai des papillons devant les yeux ! (Il s'assied près de la table.)

CHENEVIÈRE, de même.

« Aussi, pour rendre la tranquillité à cette jeune femme qui ne m'a pas trahie, elle, et pour donner un nom à la pauvre orpheline, je suis capable de tous les sacrifices... même de celui que vous exigez de moi... »

VAUBERNIER, dressant l'oreille.

Elle est encore polie, par exemple!

CHENEVIÈRE.

« Mais j'aurai des conditions à faire... »

VAUBERNIER.

Des conditions ?... (Éclatant de rire nerveusement.) Ah! ah! ah! je rêve!... c'est encore un cauchemar!... le pendant du charbonnier! (Chenevière s'appuie sur son épaule.) Oh! ce sac!... ah!

CHENEVIÈRE, lisant avec feu.

« Après avoir aimé, comme j'aimais!... après avoir été trompée, comme j'ai été trompée! vous comprenez bien, n'est-ce pas, que ma vie est finie. »

VAUBERNIER, s'essuyant le front, et d'une voix brisée.

Eh bien, si sa vie est finie, qu'est-ce que vous demandez ?

CHENEVIÈRE, continuant.

« Bien finie, et que désormais aucun homme ne saurait avoir de droits sur moi!... nous nous marierons le soir! » (Vaubernier fait un bond, a encore un éclat de rire, mais n'interrompt pas.)

VAUBERNIER.

Aux flambeaux! masqués!

CHENEVIÈRE.

« A minuit, et aussitôt après la cérémonie, je partirai pour les Pyrénées, pour cette demeure que M. Vaubernier, dites-vous, consentirait à m'abandonner... »

VAUBERNIER, ahuri tout à fait.

J'ai consenti à cela, moi ?

CHENEVIÈRE, continuant.

« Je veux y vivre tous mes jours dans une solitude absolue!... et m'y consacrer tout entière à l'éducation de ma fille, de mon enfant adorée!... (Vaubernier écoute.) Oui, je veux vivre et mourir là, dans ce refuge béni que je devrai à l'admirable générosité de l'homme qu'il me tarde de connaître, pour le remercier à genoux, en baisant ses mains vénérables, de ce qu'il aura daigné faire pour la pauvre petite abandonnée et pour sa malheureuse mère! » (Vaubernier essuie une larme à la dérobée, Chenevière s'élance vers lui.) Ah! mon oncle! mon bon oncle, vous pleurez !

VAUBERNIER, se levant.

Ce n'est pas vrai! ce n'est pas vrai !

CHENEVIÈRE.

Si... si... je le vois! vous consentirez?...

VAUBERNIER, d'une voix émue.

Jamais, monsieur, jamais!... Je serais trop ridicule!

CHENEVIÈRE.

Oh! mon oncle!...

VAUBERNIER, très-troublé.

Jamais... jamais... (Ils se tiennent à l'écart de façon que Juliette et Camille entrent sans les voir.)

SCÈNE V

Les Mèmes, CAMILLE, JULIETTE, puis MARCEL.

Camille est habillée pour sortir ; elle est dans le plus grand désordre ; elle se
dirige vers la porte, Juliette lui barre le chemin.)

JULIETTE, l'arrêtant *.

Camille !

CAMILLE, tremblante.

Laisse-moi... laisse-moi, Juliette ! je veux sortir ! il faut que je
sorte !

JULIETTE, même jeu.

Où iras-tu ?

CAMILLE.

Je... je ne sais pas... n'importe ! j'ai besoin d'air... d'exercice...
(A elle-même.) Oh ! mon Dieu ! mon Dieu ! que je souffre !

JULIETTE, l'entraînant vers un siège près de la table.

Mon amie... calme-toi... assieds-toi un moment... tout à l'heure,
nous sortirons ensemble...

CAMILLE, qui s'est laissée tomber dans un fauteuil.

Non, non, je veux sortir seule, il faut que je sois seule !

JULIETTE.

Eh bien, oui... oui... je te laisserai aller seule ! (Elle lui ôte son
chapeau, à genoux devant elle.) Camille !...

CAMILLE, lui prenant les mains et les lui serrant fiévreusement.

Tu vois maintenant ?... il n'y a plus de doutes ! tu as entendu
Nanette ?... Nanette qui depuis vingt ans n'a pas quitté notre
oncle, qui connaît par cœur toute sa vie !... on a oublié de lui
souffler son rôle... et sans le vouloir elle m'a tout dit... (Avec égarement.) On m'a menti ! on m'a menti !

* Vaubernier, Chenevière, Camille, Juliette.

JULIETTE.

Mais non, mais non... je t'affirme que...

CAMILLE, l'interrompant.

Écoute... si tu m'aimes, Juliette, laisse-moi parler!... Depuis trois jours, vois-tu, j'ai versé plus de larmes!... Ah! c'est que ce n'est pas seulement sur une infidélité que je pleure! je pleure sur mon bonheur perdu, sur notre vie brisée; une infidélité, une fantaisie, un caprice, c'est horrible assurément quand on aime... comme nous aimons... mais cela s'oublie à la longue! on se dit : C'était un moment d'égarement, de folie!... cette femme-là, il ne l'aimait pas et maintenant il la méprise!... Mais il ne s'agit plus de cela!... il s'agit d'une liaison sérieuse... Cette fille, il l'aimait, avant d'être mon mari... (Avec rage.) Il est resté son amant, depuis que je suis sa femme!... (Avec désespoir.) Ah! c'est horrible!... (Se levant *.) C'est plus qu'une faute, cela, c'est un crime, le plus grand des crimes!... un crime plus grand que l'assassinat!... car enfin... il n'était pas forcé de m'épouser... s'il l'aimait... l'autre ; que ne la gardait-il? pourquoi ne l'épousait-il pas?... parce qu'elle était pauvre?... mais c'est bien plus qu'un crime alors, c'est une lâcheté !

JULIETTE.

Camille !

CAMILLE, avec des larmes **.

Je n'ai plus de père, plus de mère, je n'avais que lui au monde, et maintenant, je n'ai plus rien !

JULIETTE.

Et moi ?

VAUBERNIER, au fond, à part.

Et moi ?

---

* Vaubernier, Chenevière au fond, Juliette, Camille.
** Vaubernier, Chenevière, Camille, Juliette.

CAMILLE, à voix basse.

Tiens ! tiens ! Juliette, je suis si lâche !... et je l'aime tant, mon
Dieu ! que cette liaison même, je la lui pardonnerais encore si...
tu es une honnête femme... tu vas me comprendre... eh bien ?...
(Avec désespoir.) elle a un enfant, et moi, je n'en ai pas... et cela,
vois-tu ?... (Avec fureur.) jamais je ne le leur pardonnerai.

JULIETTE.

Camille !... tu me déchires le cœur !... calme-toi ! je te le
demande à genoux !

CAMILLE, avec exaltation, la serrant dans ses bras.

Je t'aime ! adieu !

JULIETTE, se cramponnant à sa robe.

Où vas-tu ?

CAMILLE, comme folle.

Je vais mourir !...

VAUBERNIER, avec un cri.

Ah !

CAMILLE, qui s'élançait, s'arrêtant.

Mon oncle !

CHENEVIÈRE, à Vaubernier qui se cramponne à un siège pour ne pas
tomber.

Hésiterez-vous encore ? (Vaubernier ne peut répondre.)

CAMILLE, à la vue de Marcel qui vient d'entrer.

Lui ! lui !

CHENEVIÈRE, bas à Vaubernier.

Me donnez-vous carte blanche ?

VAUBERNIER, éperdu.

Hein ?... quoi ?... je ne sais plus... je... Ah ! si, je ne veux pas
qu'elle meure !...

CHENEVIÈRE, bas.

Dites comme moi...

VAUBERNIER.

Oui, oui...

CHENEVIÈRE, sévèrement.

Que signifie! Camille ?... vous avez douté de nous ?... (Montrant Marcel.) de lui ?... C'est mal !... (La prenant dans ses bras.) Mais, enfant ! il vous aime !...

MARCEL, se précipitant vers elle.

Je n'aime que toi, Camille !... (Camille lui abandonne sa main, mais détourne encore les yeux.)

CHENEVIÈRE, continuant.

Et vous avez cru ?... (L'examinant.) et vous croyez encore ?... Heureusement que nous avons à vous donner une preuve qui pourra enfin vous convaincre.

VAUBERNIER, machinalement.

Certainement...

CHENEVIÈRE, qui est allé chercher encore une liasse de papiers dans son inépuisable portefeuille.

Cette preuve, elle est là !

VAUBERNIER, même jeu.

Oui... nous l'avons là !

CHENEVIÈRE.

Et à cent exemplaires encore !

VAUBERNIER, de même.

Oui, cent exemplaires !

CHENEVIÈRE, donnant une lettre à chacun des personnages.

Et cette preuve, la voici !

VAUBERNIER.

Oui, oui, la voici... (Lisant.) « M. Frédéric-Marcel Vaubernier... » (Tombant sur un siége.) Déjà !

* Vaubernier, Chenevière, Camille, Marcel, Juliette.

JULIETTE, lisant la suite à Camille.

« A l'honneur de vous faire part de son mariage avec mademoiselle Louise Vernon. »

CAMILLE, avec un cri de joie *.

Ah !

MARCEL, bas.

Ah ! mon oncle, ma reconnaissance...

VAUBERNIER, furieux.

Oui, oui ; mais tu perdras la moitié de ton héritage, gredin !

MARCEL.

Oh !

VAUBERNIER, bas.

Tais-toi, elle te regarde !

CAMILLE, qui, après réflexion, a pris Chenevière à part.

Cependant... ce que m'a dit Nanette... jamais elle n'a rien
remarqué...

CHENEVIÈRE, embarrassé.

Parbleu ! votre oncle se cachait d'elle...

CAMILLE.

Pourquoi ?...

CHENEVIÈRE.

Pourquoi ?... mais... (A part.) Ah ! (A demi-voix.) parce que
jadis... dame... Nanette était jolie... et...

CAMILLE.

Ah !...

VAUBERNIER.

Quoi donc ?

CHENEVIÈRE.

Rien. (A part.) Bah! pendant qu'il y est, une de plus...

____

* Vaubernier, Marcel, Chenevière, Camille, Juliette.

CAMILLE, dans les bras de Marcel [*].

Ah ! mon Marcel ! combien je suis heureuse !

CHENEVIÈRE, à Vaubernier

Vous voyez bien... ils sont heureux.

VAUBERNIER.

Oui... mais moi...; je ne sais pas ce que j'ai...

CHENEVIÈRE.

Je vous l'ai dit : une petite fille.

VAUBERNIER, avec une fureur comique contenue.

Ah ! (Camille est dans les bras de son mari. Chenevière secoue son portefeuille pour voir s'il n'y a plus rien dedans.)

[*] Marcel, Camille, Vaubernier, Chenevière, Juliette.

FIN

Imprimerie L. TOINON et Cie, à Saint-Germain.